Lua-de-Mel

Como planejar sua viagem

Maristela do Valle

PANDA BOOKS

Supervisão editorial
Marcelo Duarte

Assistente editorial
Tatiana Fulas

Projeto gráfico e Diagramação
Anticqua Editorial

Ilustração da capa
Negreiros

Preparação de texto
Tereza Gouveia

Revisão
Alessandra Miranda de Sá
Ana Maria Barbosa
Telma Baeza G. Dias
Cristiane Goulart

CIP-Brasil Catalogação na Fonte
Sindicato Nacional dos Editores de Livros, RJ

Valle, Maristela do
Lua-de-mel - como planejar sua viagem
/ Maristela do Valle. - São Paulo : Panda Books, 2005

1. Casamento - Viagens - Guias. 2. Luas-de-mel. 3. Viagens - Planejamento. 4. Turismo - Planejamento.
I. Título

05-1098 CDD 910.202
CDU 910.21

009791

2005

PANDA BOOKS
Um selo da Editora Original Ltda.
Rua Lisboa, 502 – 05413-000 – São Paulo – SP
Tel.: (11) 3088-8444 – Fax: (11) 3063-4998
edoriginal@pandabooks.com.br
www.pandabooks.com.br

Para Joel, Francisco e Alissa, meus companheiros nesta viagem a bordo da espaçonave Terra.

AGRADECIMENTOS

Obrigada ao paciente e amado companheiro Joel Arnaldo Pontin, facilitador do meu trabalho, a meus pais Enio (*in memoriam*) e Maria Lúcia, por tanta dedicação, amor e investimento; aos profissionais de turismo que se dispuseram a conversar comigo para ajudar na elaboração do livro: Maristela Gomes e Samantha Perrucci (Blessingtour), Lucita Marques (X-Mart), Deusa Rodrigues (Designer Tours), João Paulo Furtado (Angatu), Franco Reinaudo (Álibi), além dos profissionais que me passaram dicas via *e-mail*: Camila Bering (The Leading Hotels of the World), Elvira Viedma (Tourspain) e, de novo, Maristela Gomes, sempre pronta a responder a várias das minhas dúvidas. Aos colegas que me ajudaram nas pronúncias dos termos em outras línguas: Chiaki Karen Tada (japonês), Cristiano Zwiesele do Amaral (alemão, grego e holandês), Eliana Langer (hebraico), Juliana Cortese (italiano), Lydia Liu (chinês), e Maria Luiza Cavalcanti Alves (inglês e francês).

E para todas as pessoas que, mesmo indiretamente, influenciaram na minha bagagem cultural.

SUMÁRIO

7. AMAR SEM IR À FALÊNCIA 89

8. É HORA DE FAZER AS MALAS 102

9. COMO CHEGAR AO PARAÍSO 110

10. O NINHO DOS POMBINHOS 123

INTRODUÇÃO

Os povos antigos, de 4 mil anos atrás, costumavam passar todo o mês subseqüente ao casamento tomando uma bebida alcoólica chamada hidromel, fornecida pelo pai da noiva. Como na época o calendário lunar media o tempo, esse período passou a denominar-se lua-de-mel, e vem daí uma das possíveis origens da palavra. Diz-se que Átila, rei dos Hunos, embriagou-se do líquido durante sua cerimônia de casamento e acabou morrendo antes de confirmar as núpcias.

Outra explicação diz respeito à época em que as noivas eram raptadas. A bebida tinha a função afrodisíaca de tornar a esposa mais dócil ou, caso ela tivesse consentido com o rapto, simplesmente adoçar a vida do casal enquanto ele permanecesse escondido do restante da família. Também há quem diga que a palavra tenha surgido com o costume dos vizinhos romanos de desenhar, com mel, uma lua na porta da casa dos recém-casados para dar sorte.

Independentemente da forma como tudo isso começou, o costume de viajar continua e, longe da loucura do dia-a-dia, não deixa de ser uma das mais doces oportunidades de dar, viver e fazer amor.

Hoje o champanhe, o vinho ou a cerveja substituem o hidromel, dependendo das condições e do gosto de cada casal. Poucos têm o mês inteiro dedicado ao amor após as núpcias. O significado da primeira noite perdeu-se com o passar das gerações, sem que se voltem tantos séculos assim no tempo. As mulheres de hoje têm uma expectativa da noite de núpcias muito diferente da de suas mães e avós, para quem a data ficava marcada para sempre, pois rompiam não só a barreira do hímen como experimentavam sensações totalmente desconhecidas.

Mas a lua-de-mel continua exercendo expectativa e fascínio para todos os estilos e classes sociais. Não falo só da viagem logo após a cerimônia, porém de qualquer uma realizada por duas pessoas que se amam e têm tempo para namorar. Pode ser uma temporada de férias na época do namoro ou um feriado já durante a vida conjugal. O marido e a mulher mandam as crianças para a casa da avó e partem sem destino certo para rememorar as primeiras juras de amor, com o simples objetivo de manter vivo o fogo da paixão.

Também o estilo da viagem hoje se adapta às possibilidades de cada um. Quem está apavorado com as exigências do mercado de trabalho pode aproveitar os dias livres de folga para unir o útil ao agradável e fazer um curso de línguas no exterior ao lado da pessoa amada, obviamente pensando em namorar e passear romanticamente nos momentos em que não estiver dentro da sala de aula. E mesmo nesse caso o casal pode fazer a mais bela e inesquecível viagem da sua vida, desde que tome alguns cuidados para não transformá-la no passaporte para o divórcio antes de chegar ao seu definitivo lar.

O objetivo deste livro é fornecer dicas para que a viagem combine a doçura do mel com o romantismo do luar, sem frustrar expectativas acumuladas às vezes desde a infância ou adolescência.

COMO
É LUA-DE-MEL EM...

Alemão	Flitterwoche	*[flitaworre]*
Chinês	Mi yue	*[mi iê]*
Espanhol	Luna de miel	*[luna de miel]*
Francês	Lune de miel	*[lune di miel]*
Grego	O minas tou melitos	*[o minas tu melitos]*
Hebraico	Yareach devash	*[iereaj devash]*
Holandês	Huwelijksreis	*[rüvelikcsréis]*
Inglês	Honeymoon	*[rãneimun]*
Italiano	Luna di miele	*[luna di miele]*
Japonês	Hanemuun	*[ranemuun]*
	Shinkon-ryoko	*[chinkon riokô]*

1 MODA NÃO DITA OS CENÁRIOS DO AMOR

Pular num despenhadeiro de *bungee jump* de mãos dadas, mergulhar no fundo do mar para apreciar tubarões, fazer um passeio de barco ao pôr do sol, jantar à luz de velas na beira da praia. Por mais durões e práticos que os namorados pareçam hoje em dia, o amor continua no ar. Os apaixonados ainda adoram ficar juntos e amam viver momentos românticos, embora nem sempre com o mesmo conceito de outrora. Uma barraca para dois no meio de uma praia sem infra-estrutura pode parecer o ápice do amor selvagem para alguns, mas o inferno do desconforto para outros.

Algumas pessoas acreditam que o segredo está na surpresa que um faz para o outro. Já outros casais se arrepiam ao ouvir a música que tocava quando se conheceram e assim vivem momentos apaixonantes na estrada por causa de um simples CD com uma trilha sonora escolhida com muito cuidado. A tal seleção musical também pode virar pano de fundo para as longas noites de prazer no próprio quarto de hotel.

Quem está apaixonado enxerga romantismo em qualquer lugar; no entanto, alguns ingredientes incrementam ainda mais tal estado: uma lareira em chamas com um bom vinho, uma música para dançar de rostinho colado, uma massagem a dois, caminhar na praia sob um céu de estrelas e lua cheia, andar a cavalo com a mulher amada na garupa, jantar ao som de violinos a céu aberto. A lista não tem fim e depende da criatividade e do estilo de cada um, assim como a viagem. Veja a seguir algumas idéias de cenários românticos.

PÔR DO SOL

O sumiço daquela esfera cor de fogo atrás do mar, da montanha ou do rio inspira momentos de paixão a dois. Enquanto o sol se esconde aos poucos, os namorados suspiram abraçados pensando que a noite apenas está começando e contemplam calados o degradê colorido do céu. A cena fica ainda mais bela de cima das dunas do Ceará ou do Rio Grande do Norte, da montanha mais verde de uma fazenda ou um sítio ou durante um passeio de barco.

O apelo dessa última alternativa torna os enamorados alvo fácil de "profissionais" picaretas em destinos turísticos badalados – ou nem tanto. Muitas vezes eles abusam do preço aproveitando-se da situação. O marido ou o namorado, sem querer decepcionar a amada, não hesita em pôr a mão no bolso para gastar os euros ou dólares até então economizados para pagar um jantar à luz de velas. E ambos podem decepcionar-se. Não que isso seja uma regra. Há roteiros maravilhosos que valem cada centavo investido. Mas não custa perguntar antes a opinião de alguém que já tenha usufruído do passeio. É só aparecer no porto ou no cais no exato horário do desembarque dos passageiros para trocar uma idéia com eles. Assim os pombinhos não ficam apenas com a suspeita versão do vendedor do percurso. E isso vale para qualquer produto ou serviço comercializado em áreas essencialmente turísticas.

Depoimento da autora

Estávamos em Knysna, cidade à beira-mar da Rota Jardim, na África do Sul. Na beira da lagoa, onde se praticam esportes náuticos, vendedores de passeios de barco ao pôr do sol abordavam os turistas. Um deles incluía a visita a uma fazenda de ostras. Ainda ganharíamos de brinde um prato com as iguarias. Achamos o apelo tentador. Quando o sol começou a se esconder no horizonte, descobrimos ao longe algumas estacas no meio do mar. Era a tal propriedade. O guia balbuciou duas ou três frases sobre a produção do molusco e serviu um prato com meia dúzia deles por pessoa. O lanche acabou ficando bem caro.

ESPORTES RADICAIS A DOIS

Pode parecer moderno demais encarar uma caminhada de dias, às vezes com desconfortáveis acampamentos no caminho, uma cavalgada, um rapel ou um *rafting* na lua-de-mel. Mas lembre-se dos sinais de companheirismo capazes de fortalecer ainda mais os laços da união. Quando ela está cansada no meio do *trekking*, ele a carrega um pouco no colo, divide romanticamente a pouca água que resta do cantil ou lhe cede o último naco de maçã. No caso do montanhismo, ela despenca por alguns metros e cai em cima de alguém em quem realmente confia, exercício, aliás, existente em técnicas de integração de equipes empresariais para fortalecer a confiança do grupo. No pulo de *bungee-jump*, ambos se atiram de mãos dadas para que um compense o frio da barriga do outro. Tão na moda nos últimos tempos, os esportes radicais ficam muito mais emocionantes a dois do que praticados solitariamente.

Depoimento da autora

O rafting *no rio Zambezi, no Zimbábue, foi um dos momentos mais divertidos da minha lua-de-mel. Meu marido e eu dividíamos o bote com quatro rapazes loucos para mostrar que tinham força de homem. Quando o guia avisou que remaria com mais afinco quem ficasse na parte da frente da embarcação, nós, que ali sentáramos para apreciar a paisagem, imediatamente mudamos de lugar, para deleite dos nossos companheiros. A cada grande corredeira meu marido me puxava para o centro do bote para proteger-me e deixava os jovens dispostos a mostrar serviço se virarem sozinhos. O guia só ria, dizendo que meu marido era muito esperto. Conclusão: apenas nós dois não caímos na água em nenhum momento. O* rafting *é a melhor recordação que temos de toda a viagem.*

PARQUE DE DIVERSÕES

Hoje a rapidez de várias das máquinas dos parques de diversão impede romances como o vivido por Juliana e João na roda-gigante de *Domingo no parque*, canção de Gilberto Gil participante do Festival da Record de 1967, na qual os enamorados trocam rosa e sorvete. Mas os carrinhos acelerados das montanhas-russas não impedem que os amantes sintam juntos a aflição da velocidade, mesmo que não consigam se enxergar nem se agarrar. Pelo menos um sabe que o outro está ali do seu lado, também sentindo o prazer da adrenalina ziguezaguear pelo corpo. E só para lembrar de outro sucesso musical que liga medo a romance, o compositor Belchior confessa, em uma de suas canções, ter usado a desculpa do medo de avião para pegar pela primeira vez na mão da amada.

PIQUENIQUE

A cesta de vime recheada de toalha, bolos, sanduíches e sucos hoje pode ser substituída por uma mochila com garrafa de vinho, queijo, pão e os mesmos sanduíches e bolos. O teor culinário da "lancheira" pode depender da especialidade do país em que o casal se encontra e/ou do orçamento. Na França, que tal uma baguete com *camembert*? Na Argentina, empanadas e alfajor. Já se a refeição a dois for numa praia deserta da Bahia, tapioca, acarajé, cocada e quindim dariam água na boca mesmo para quem abomina a farofa. Calma, estamos falando de duas pessoas com consciência ecológica, que não deixarão nenhum rastro da sua passagem pelo local escolhido e levarão todo o lixo num saquinho de plástico. E por falar em lugares, pensemos em alguns cenários inseridos na natureza, além da praia nordestina, só para dar uma idéia, já que a lista é infinita: pastagens verdinhas entre os vulcões e as montanhas nevadas da região dos Lagos Andinos, entre a Argentina e o Chile; parques nacionais da Califórnia; cataratas do Niágara, entre o Canadá e os Estados Unidos, as de Iguaçu, no Sul do Brasil, e as de Victoria, no Zimbábue; montanha da Mesa, na Cidade do Cabo (África do Sul); savanas africanas exploradas por turistas para observação de animais; chapadas do Brasil Central; qualquer cânion do mundo; calanques da região da Provence, na França; parque de Sintra, em Portugal; trechos quaisquer da mata atlântica brasileira.

Depoimento da autora

Na Cidade do Cabo, percebemos que os sul-africanos têm o hábito de fazer uma espécie de farofa na praia, porém com ares de piquenique. O delicioso vinho local nos inspirava a atitude semelhante, com belíssimas paisagens na moldura, como a vista de toda a cidade a partir da Montanha da Mesa. Quando partimos para Victoria Falls, no Zimbábue, tomávamos lanche no parque nacional onde ficam as enormes cataratas. Para garantir os constantes brindes em paisagens naturais tão convidativas, sempre mantínhamos um canivete suíço na mochila. Já as taças corriam o risco de quebrar, então em muitos momentos apelamos para o menos romântico gargalo.

PRAIAS DESERTAS

Apesar do aumento exponencial da população do mundo, ainda existem praias desertas pontilhando o Caribe, o Mediterrâneo e várias outras costas do mundo, incluindo os 7.408 quilômetros do litoral brasileiro. Ao caminharem de mãos dadas e se afastarem um pouco dos *resorts* paradisíacos, os casais encontram pedaços de mar com água cristalina para nadar, às vezes em piscinas naturais formadas entre corais e rochas. As ondas batem nas paredes esculpidas pela natureza formando uma espécie de hidromassagem sem mecanismo. O casal pode até aproveitar o isolamento e ficar nu. Só precisa se preocupar em deixar as roupas de banho à mão para a eventualidade de alguém aparecer de uma hora para outra. Também não deve brincar de Adão e Eva em locais perigosos, com histórico de violência, seqüestro e estupro.

Depoimento da autora

Ainda na época do namoro, meu marido e eu fomos para Cuba, mais especificamente para Havana e Cayo Largo, uma ilhota alcançável apenas de avião, repleta de hotéis para turistas. Bastava caminhar um pouquinho mais pela praia para encontrar trechos absolutamente desertos do mar do Caribe. Num deles, resolvemos largar na praia sunga e biquíni para nos entregarmos àquelas águas cristalinas sem nenhuma indumentária, num contato íntimo com a natureza. Mas de repente apareceu um casal de italianos, que não demonstrava sinal de ir embora. Não lembro exatamente como meu marido fez para recuperar as vestes. Mas logo ele foi papear com os novos visitantes, enquanto eu esperava na área mais profunda possível do mar. Até que finalmente eles resolveram partir.

SOMBRA DO ÍDOLO

Fãs da obra de Shakespeare se sentirão no céu ao declamar trechos das peças para seu amor na cidade de Stratford-upon-Avon, onde o dramaturgo passou a infância; apaixonados por Monet se emocionarão ao ver de perto os jardins de Giverny tantas vezes por ele pintados; os girassóis de Van Gogh ficarão ainda mais coloridos se os enamorados andarem por entre eles de mãos dadas; amantes da poesia adorarão conhecer a Chascona, casa em Santiago que Pablo Neruda fez para sua última mulher, Matilde Urrutia; a viagem pode ganhar um novo ritmo se o casal cantar a dois as melodias dos Beatles em Liverpool, na Inglaterra. No exterior, sobretudo, as pegadas de um artista transformam-se em atrações turísticas muito procuradas, que na lua-de-mel ganham um significado muito especial. Ainda mais quando se trata de um ídolo que tenha de alguma forma marcado a relação dos apaixonados.

CASTELOS

Quem viaja para a Europa não raro encontra, em ruínas de castelos, casais de noivos acompanhados de fotógrafos para o registro de imagens dignas de contos de fadas. Às vezes fazem parte do séquito os convidados, trajados de terno, longo e salto alto, que mesmo assim sobem e descem degraus irregulares e quebradiços com destreza. Têm familiaridade com essas ruínas muradas, cuja visitação muitas vezes é gratuita. A cena encanta os forasteiros enamorados e os faz se envolver na atmosfera romântica dessas construções. Na maioria das vezes, eles revelam lindas vistas do alto, transformando as cidades mais próximas em maquetes desordenadas. Muitos lembram parques e têm cafés, restaurantes, mesas à beira do abismo. Algumas das paredes ainda testemunharam trágicas ou felizes histórias de amor cuja fama as torna muito mais sedutoras.

2 SONHO PLANEJADO

Roteiro com muitas cidades, troca de hotéis que obriga o constante abrir e fechar de malas, *resorts* barulhentos, camas de solteiro no quarto, atividades que interessem apenas a um dos cônjuges e falta de planejamento que torne a viagem suscetível a imprevistos desagradáveis são alguns detalhes que, mesmo isoladamente, podem frustrar a tão sonhada lua-de-mel.

Para que a elaboração do roteiro não se transforme em mais um fator de estresse pré-casamento, ao lado dos preparativos da cerimônia religiosa e da festa, e para tentar evitar uma possível decepção, os noivos podem contratar uma agência de turismo de confiança (veja como cumprir essa tarefa na p. 26), que crie um itinerário adequado às preferências e às possibilidades do casal. Essas agências têm experiência e mais facilidade para obter benefícios para recém-casados, como champanhe e cesta de frutas no apartamento e jantar à luz de velas (leia mais sobre hotéis na p. 123).

Hoje muitas pessoas se casam em dezembro para aproveitar o 13º salário, época que coincide com a alta temporada e, conseqüentemente, com preços mais altos e dificuldade em conseguir reserva em hotéis e aviões se for feita na última hora. Quem não pode – ou não quer – fugir dessa época deve planejar a viagem mais cedo, com cerca de seis meses de antecedência, para garantir preços mais baixos e lugares disponíveis. Mesmo sem nenhuma idéia do que fazer na viagem idílica, o casal pode procurar a ajuda de um profissional de turismo. Por meio de uma entrevista, ele inicia uma trilha repleta de bifurcações, que, em algum momento, o guiará para o local desejado.

A leitura de revistas especializadas, suplementos de turismo dos jornais diários e *sites* na internet também ajudam os nubentes a enxergar uma luz. Quem já sabe mais ou menos o que deseja deve se valer de guias turísticos e dessas publicações, mas com um foco mais definido. A pesquisa aprimora-se conforme o casal toma determinadas decisões. A partir das informações adquiridas, o roteiro fica com a cara do casal.

Claro que ambos não devem formalizar uma agenda com horário marcado de todos os programas da lua-de-mel; afinal, não se trata de uma viagem de negócios. Contudo, é importante que saibam pelo menos os principais atrativos de cada local. Assim fica mais difícil se arrepender, na volta, por aquilo que não se fez.

Pesquisas recentes revelam que geralmente é a mulher quem escolhe e organiza a viagem do casal, seja na época do namoro, depois do casamento ou com os filhos a bordo. O ideal seria os dois decidirem quase tudo juntos. Mas às vezes um dos cônjuges não tem tempo nem paciência para se aventurar nessa seara. Nesse caso, precisa pelo menos ser consultado sobre o destino e o estilo de programação. Deve ter uma noção do que vai enfrentar, para não passar a lua-de-mel aborrecido, com a sensação de que está no inferno e não no céu, onde deveria estar. Quem se arrepende por ter dito "O que ela resolver está bom para mim" corre o risco de levar para o lar dos pombinhos a primeira grande mágoa da vida a dois, mesmo que não a externe durante a viagem. O cônjuge que não quer tomar as decisões não precisa ser consultado para detalhes inofensivos, e uma surpresa ou outra pode até tornar mais apetitosa a viagem. O importante é que pelo menos a primeira visita à agência de viagens seja realizada em dupla para que o profissional entenda o estilo dos dois e tenha mais facilidade em ajudá-los.

COMO ESCOLHER UMA AGÊNCIA DE TURISMO

- O *site* da Associação Brasileira de Agências de Turismo (Abav) tem um dispositivo de busca para que o internauta descubra a associada mais próxima da sua residência. Ser membro da entidade já é bom sinal.
- Certifique-se se a agência também tem registro na Embratur.
- Faça uma busca na internet para verificar se há reportagens que desqualifiquem a empresa ou queixas de leitores sobre a agência em seções de reclamações.
- Tente descobrir há quanto tempo a agência está atuando no mercado. A experiência e a sobrevivência a várias crises econômicas não garantem vida eterna, mas torna mais improvável a falência.
- Referências de amigos e parentes são cartões de visitas animadores.
- Reserve um tempinho para visitar a agência. É muito mais confiável o contato pessoal do que via *e-mail* ou telefone.

QUAL GUIA DE VIAGEM COMPRAR?

O guia impresso é um companheiro que fornece dicas preciosas. Além de indicar os pontos turísticos básicos, salva os viajantes da fome ou do tédio a qualquer hora do dia ou da noite. Quem viaja para fora do país deve preferir os guias traduzidos e adaptados à nossa realidade ou, o que é mais raro, escritos por um autor brasileiro. Normalmente essas edições contêm endereços de embaixadas brasileiras, explicam como fazer ligações a cobrar para o Brasil e preocupam-se com o gosto do natural da terrinha.

Se não existe nenhum guia traduzido sobre o país ao qual você se destina, a única saída é apelar para os internacionais. Se bem escolhidos, eles não o deixarão na mão. Preste atenção, porém, se atendem às suas expectativas: há coleções para mochileiros, *gourmands* ou para os que fazem questão de estudar bem o destino e fazer do guia o livro de cabeceira antes do embarque.

POR QUE É MELHOR PLANEJAR A DOIS

- A culpa ou os louros são divididos.
- Leva-se em conta o gosto de ambos.
- Dois pensam melhor que um.
- As tarefas são divididas.

O QUE
DEFINE A VIAGEM

- Orçamento.
- Tempo disponível.
- Interesses de ambos (e não apenas de um).
- Vontade de conhecer o lugar.
- Indicações e sugestões de amigos.
- Leitura de roteiro dos sonhos em revista ou jornal.
- Desejo de vivenciar o cenário de um filme romântico.

QUANDO EMBARCAR

Ninguém obriga os recém-casados a partir logo após o casamento. Aliás, sair da festa correndo rumo ao aeroporto pode ser tão estressante a ponto de culminar na primeira desavença da vida a dois. Quem não deseja perder nem um minuto sequer e resolve passar a noite de núpcias dentro do avião, após o estresse de tantos preparativos e de uma festa cansativa, precisa se preparar para não se irritar com tolices, como atraso do vôo ou serviço de bordo demorado, mesmo que esteja morto de fome. Aliás, muitos noivos não conseguem se alimentar durante a festa de casamento, pois estão entretidos em dar atenção aos convidados. Por isso vale a pena carregar comida e uma garrafa de vinho ou champanhe para relaxar.

Os casais de hoje já se estrearam há muito tempo quando se casam e muitos dormem como anjos assexuados na noite seguinte à assinatura do contrato de união. Outros reservam um hotel na própria cidade para descansar antes do embarque para a viagem romântica. Mas a brincadeira costuma sair caro. Muitos casais preferem economizar esse gasto para a lua-de-mel e dormem na própria residência dos pais, às vezes até em casas separadas. Não se choque com esse tipo de escolha; ela é perfeitamente plausível para pessoas práticas e econômicas, que estão exaustas e não poderão mesmo se curtir. Sabem que terão muito tempo juntas pela frente na viagem dos sonhos, quiçá pela vida inteira. Quem já tem lar montado ou mora junto, pernoita na mesma cama de todo dia com a privacidade de sempre, isso se não estiver hospedando em casa convidados da festa provenientes de outras cidades.

Enfim, a viagem pode ser adiada para o dia, a semana, o mês ou o ano seguinte, ou ser feita antes do casamento, dependendo das possibilidades do casal. Os amantes podem até desfrutá-la com maior intensidade, por estarem descansados. Todo mundo que se casa no Brasil tem direito, por lei, a três dias consecutivos de folga do emprego, contados a partir da data do casamento civil. Porém, dependendo da empresa, os funcionários podem negociar com o chefe a adição desses dias ao período de férias para ganhar tempo numa futura viagem a dois. O adiamento da viagem de núpcias é tão comum que o hotel The Residence, nas ilhas Maurício, um dos mais procurados por casais apaixonados, aceita os documentos do casamento para conceder os benefícios do pacote de lua-de-mel dentro do prazo de um ano.

Depoimento da autora

Casei-me em 19 de dezembro, um sábado, praticamente véspera de Natal e Ano-Novo. Na época, trabalhava em um jornal que exigia que os funcionários se revezassem no trabalho em pelo menos uma dessas datas. Na segunda-feira seguinte ao casório, fui trabalhar normalmente na redação. Só parti para a lua-de-mel em janeiro.

SEM *TOUR* POR HOSPITAIS

Quem está apaixonado pensa que a gripe do amor é a única doença que pode atacá-lo. Mas problemas de saúde e acidentes desagradáveis podem acontecer, e é melhor estar prevenido para não transformar a lua-de-mel em um *tour* em busca de hospitais públicos ou baratos. Por isso, antes de partir, o passageiro deve verificar o seguinte:

- Se o convênio médico vigora nas cidades que visitará (a informação está disponível no *site* da seguradora ou pode ser obtida pelo telefone de informações).
- Se o cartão de crédito contempla seguro de viagem no Brasil ou no exterior (informações com a administradora do cartão).
- Se no pacote turístico está incluído o serviço.

Quem descobrir que não tem seguro de viagem não deve titubear em fazer a cotação na agência de turismo. Mesmo quem acha uma dor de cabeça esse gasto extra deve considerar que ele pode evitar lesões muito mais sérias. O seguro ainda se torna mais necessário para quem pretende praticar esportes de inverno ou esportes de aventura.

O casal precisa também se prevenir contra doenças comuns no destino, como malária, febre amarela e dengue. Informe-se sobre a incidência dessas mazelas e a necessidade de vacinação antes do embarque. A vacina contra a febre amarela, exigida por muitos países, deve ser tomada dez dias antes do embarque. Ela é fornecida pela Agência Nacional de Vigilância Sanitária (Anvisa) gratuitamente nos principais aeroportos do Brasil. Não custa também lembrar dos perigos da água contaminada. Se não for possível fervê-la em destinos de higiene duvidosa, compre água mineral com garrafa lacrada ou utilize pastilhas de cloro. (Mas não adianta tomar esses cuidados e depois refrescar a caipirinha com gelo contaminado.) Evite ainda alimentos mal cozidos, principalmente frutos do mar.

Não podem faltar na bagagem filtro solar, protetor labial e remédios de uso freqüente, como comprimidos contra dor de cabeça, cólicas e enjôo. Os medicamentos mais fortes às vezes devem cruzar a fronteira acompanhados das respectivas receitas médicas ou correm o risco de ser apreendidos.

QUANDO FAZER O QUÊ

6 MESES ANTES

- Estudo do orçamento para decidir se a viagem será doméstica ou internacional.
- Início da pesquisa de possíveis destinos.
- Verificação dos documentos necessários e da validade dos passaportes.

5 MESES ANTES

- Reunião com agentes de viagens para relatar o que espera da lua-de-mel e pedir ajuda na escolha do destino.
- Decisão do local da viagem.
- Compra de cheques de viagem e moeda do país escolhido.

4 MESES ANTES

- Solicitação de reservas com agente de viagens e/ou nos hotéis e companhias aéreas. Quanto antes forem feitas as reservas, mais baratas ficam as tarifas.

3 MESES ANTES

- Pesquisa sobre o local da viagem.
- Compra de guias.
- Decisão de possíveis passeios.
- Pesquisa sobre seguro de viagem e possível compra.

2 MESES ANTES

- Elaboração de lista de roupas e acessórios.
- Escolha da mala.

1 MÊS ANTES

- Se for viajar de carro, faça um *check-up*. Caso apresente algum problema mecânico, dá tempo de resolver.

1 SEMANA ANTES

- Confirmação de todas as reservas.

3 DIAS ANTES

- Preparo da mala e da bagagem de mão.

DIA DA PARTIDA

- Verificar se documentos, cartões de crédito, *voucher*, passagem e dinheiro estão no lugar apropriado.

ITENS A RESOLVER

- Destino.
- Meio de transporte.
- Estilo e categoria do meio de hospedagem.
- Reserva via agência de viagem ou por conta própria.
- Viagem em grupo ou a dois.
- Meio de locomoção no destino.
- Passeios.
- Seguro.

O QUE
PODE ESTRAGAR SUA VIAGEM

- Roteiro com muitas cidades que transformem a viagem em uma maratona, não em um momento idílico.
- *Resorts* barulhentos, com recreadores que não desgrudam dos hóspedes e os convidam a participar de gincanas a todo momento.
- Camas de solteiro no quarto, que juntas deixam que um dos dois caia no buraco do meio – durante toda a madrugada.
- Atividades que interessem só a um dos cônjuges, fazendo o outro ficar mais entediado do que em um domingo de chuva.
- Falta de planejamento, deixando a viagem suscetível a imprevistos.

Depoimento da autora

O roteiro da nossa lua-de-mel incluía Cidade do Cabo, Rota Jardim (700 quilômetros de carro num só dia), Johannesburgo, Sun City, reserva privada de safári, Victoria Falls, várias decolagens aéreas em duas semanas. Na volta, não sabíamos se tínhamos descansado ou cumprido uma maratona.

DOCUMENTOS NECESSÁRIOS E MUDANÇA DE NOME

Hoje em dia muitas mulheres preferem manter o nome de solteira após as núpcias, por uma questão de praticidade em relação aos próprios documentos. Quem considera a decisão excesso de modernidade nem sempre terá tempo hábil para alterar carteira de identidade e/ou passaporte logo após o casamento. Seja qual for o sobrenome existente nos documentos no momento do embarque, ele deve coincidir com o emitido no bilhete aéreo para garantir o embarque da passageira.

3 PARA ONDE FUGIR

Poucos casais se divertiriam soltando puns em piscina de lama, e raras mulheres aceitariam com bom humor ver o marido beijar uma sereia por confundi-la com a amada em meio à espuma das ondas. Mas para o ogro Shrek (de *Shrek II*) e a princesa Fiona tais momentos conferiram até um temperinho extra à relação, e eles voltaram felicíssimos da viagem de núpcias. Isso mostra que os ogros se comportam de modo distinto dos seres humanos? Também, mas principalmente evidencia que não existe unanimidade em relação à viagem a dois ideal. O roteiro dos sonhos do seu vizinho talvez não agrade a você e a seu(sua) companheiro(a). O destino escolhido pelo casal tem de combinar com seus anseios e estilos.

O mundo é enorme e sempre existe um lugar maravilhoso que cabe dentro do bolso de cada um. Mesmo que se trate de uma choupana a poucos quilômetros da cidade de origem.

Certamente faltarão lugares lindíssimos e românticos nessa lista de dez destinos brasileiros e dez internacionais para amar, cujo objetivo é apenas dar uma idéia aos apaixonados. Para aumentar o rol de opções, não custa repetir, converse com amigos, agentes de viagens, leia revistas e suplementos de jornal especializados, pesquise.

BRASIL

O litoral brasileiro tem características específicas em cada região. Os coqueiros e as dunas pontuam o Nordeste. A mata atlântica tem presença marcante em praias do Sudeste e do Sul. Muitos pontos da costa ainda não foram descobertos pelo turismo de massa, o que garante aos casais a possibilidade de namorar em um cenário ainda meio selvagem, sem necessariamente perder o conforto. O interior do país não fica para trás, com suas paisagens deslumbrantes de chapadas, cerrados, matas, rios.

Nas frias serras, as temperaturas sobem rapidamente quando se está diante de uma lareira com uma taça de vinho e uma agradável companhia. Se o objetivo da viagem de núpcias é uma dedicação quase integral ao outro, por que não estender aquele romântico fim de semana a dois da época de namoro para uma semana ou mais logo após o matrimônio?

Para saber quais são compatíveis com o seu orçamento, baseie-se na legenda a seguir e saiba, aproximadamente, quanto custa por casal uma semana nos destinos mencionados, estimando gastos com hospedagem em hotel turístico, transporte a partir de São Paulo e refeições básicas. Claro que os casais econômicos podem gastar muito menos, e os esbanjadores, muito mais. Por exemplo, uma viagem para a Península de Maraú, no sul da Bahia, fica muito mais barata para quem se hospeda em uma pousada simples do que para aqueles que optam pelo Kiaroa, *resort* de luxo que lembra os hotéis da Polinésia Francesa.

$: até R$ 2.000

$$: de R$ 2.001 a R$ 4.000

$$$: de R$ 4.001 a R$ 7.000

$$$$: mais de R$ 7.000

*valores em 2005

LITORAL DO CEARÁ

Só Fortaleza: $$

Fortaleza com Jericoacoara: $$

Fortaleza pode servir de quartel-general para o casal se hospedar e curtir a vida noturna. A cada noite a badalação se concentra em uma casa. Por exemplo, às segundas-feiras, todos vão dançar forró e axé *music* no Pirata; às quintas-feiras, a barraca do Chico do Caranguejo, na praia do Futuro, lota.

Uma infinidade de vans faz plantão na avenida à beira-mar para combinar com os turistas passeios às praias das redondezas, como Cumbuco, cujas dunas viram pistas para *buggies* e "esquibunda", modalidade em que o turista desliza sentado numa prancha na areia e cai numa lagoa. As peruas também levam turistas para o Beach Park, um parque aquático na praia, ou Canoa Quebrada, lotada de turistas na alta temporada. Bem perto desta fica a praia de Ponta Grossa, no município de Icapuí, que mantém intacta sua beleza de falésias e rochas cor de fogo e ainda conserva uma população ingênua e ao mesmo tempo preocupada com a manutenção de sua identidade. Os únicos ruídos capazes de atrapalhar o tranqüilo sono dos turistas são as canções dos cultos, pois a maioria da população de cerca de duas centenas de habitantes é evangélica.

Do outro lado, em direção oeste a seis horas de Fortaleza, Jericoacoara tem programas para todas as idades e todos os gostos. A vila de pescadores já tem até aeroporto, mas o vôo para lá é um pouco caro. Enquanto os mais velhos fazem caminhadas pela praia, os notívagos têm a madrugada inteira embalada a forró. A busca por um romântico fim de tarde serve de combustível para o casal subir a duna do Pôr do Sol, de onde se avistam turistas e nativos deslizando pela areia em pranchas de "esquibunda" e de *sandboard*.

FERNANDO DE NORONHA E PORTO DE GALINHAS

Fernando de Noronha com Natal: $$$

Porto de Galinhas: $$

Famoso pelas constantes visitas de golfinhos, pelo mar cristalino ideal para mergulho e pelas belas praias, Fernando de Noronha cobra uma taxa de preservação ambiental cujo valor aumenta conforme o tempo de permanência. As águas transparentes e os bancos de corais da Baía do Sancho o tornam um dos melhores pontos de mergulho do país. As areias são brancas, e o acesso inclui trilhas escorregadias e difíceis. Mesmo assim, a praia está sempre no *ranking* das mais belas do Brasil.

As acomodações rústicas ajudam a conferir um tom ainda mais selvagem às ilhas, embora hoje já existam alguns meios de hospedagem mais sofisticados, principalmente a exclusiva pousada Maravilha, badaladíssimo ponto de encontro de famosos que exige reserva antecipada de cerca de três meses. Toda noite a sede do projeto Tamar abriga uma palestra sobre ambiente. Os vôos geralmente saem de Natal ou Recife, e vários pacotes conjugam uma das duas capitais com o arquipélago.

Quem parte do Recife pode aproveitar a viagem para visitar Porto de Galinhas, cujos corais formam piscinas de águas cristalinas e acalmam o furor das ondas. As possibilidades de acomodação hoje variam de sofisticados *resorts* a rústicas pousadas, tornando a região democraticamente acessível.

SUL DA BAHIA

Porto Seguro: $

Península de Maraú: $$$

Itacaré: $$

Praia do Espelho: $$

Trancoso: $$

Arraial d'Ajuda: $

Abrolhos e Porto Seguro: $$

Abrolhos: $$$

Itacaré e Maraú: $$$

Descoberta recentemente pelos turistas, a Península de Maraú ainda lembra uma praia deserta e tem como vilarejo central Barra Grande. O acesso é complicado e feito de barco a partir de

Camamu ou de carro, por uma estrada de terra que parte de Itacaré, onde só transitam veículos com tração nas quatro rodas. Por falar em Itacaré, a cidade querida por surfistas por suas ondas fortes ainda preserva praias desertas, caracterizadas por costões cobertos de mata atlântica e acessíveis por trilhas. No local ainda se tem explorado esportes de aventura, como rapel na cachoeira da Noré e *rafting* no rio das Conchas. Perto dali, Canavieiras atrai os aficionados por pesca esportiva e talvez seja uma interessante oportunidade de os enamorados mostrarem sua força quando estão juntos e lutarem contra o marlim-azul.

Ainda bastante movimentada e hoje ponto de encontro de formandos de ensino médio e fundamental, Porto Seguro pode agradar a quem gosta de badalação noturna, principalmente por causa dos luaus nas barracas de praia. Mas bem pertinho dali os tranqüilos vilarejos de Caraíva, Santo André, Arraial d'Ajuda e Trancoso preservam praias intimistas próprias para o amor. Na região, merece destaque a praia do Espelho, entre Trancoso e Caraíva, cada vez mais presente nos roteiros dos descolados chiques e atualmente considerada uma das mais lindas do país. Tem águas mornas e calmas, além de muitas piscinas naturais. As falésias brancas e avermelhadas e os coqueiros colorem o visual. Vale mencionar também a pouco freqüentada Cumuruxatiba, cujas piscinas naturais formadas na maré baixa permitem que os banhistas andem sobre o mar. Quem gosta de mergulhar deve aproveitar e ir até Caravelas para desbravar os mares do Parque Nacional de Abrolhos, ponto de acasalamento e berçário das baleias Jubarte entre julho e novembro.

SERRAS GAÚCHAS

SERRAS GAÚCHAS: $$ (COM AÉREO)
$ (DE ÔNIBUS OU DE CARRO)

Os casais podem admirar os jardins repletos de hortênsias do verão e as casas de estilo bechamel a cavalo, a pé, de bicicleta ou jardineira em Gramado. A cidade tem temperatura média de 10°C no inverno. O Míni-Mundo, com réplicas em miniatura de monumentos europeus, e a Aldeia do Papai Noel, que abriga a fábrica de brinquedos do bom velhinho, transportam os visitantes de volta à infância. A cidade também abriga vários museus para quem prefere coisas de adulto, como o do Chocolate, dos Festivais de Cinema e o do Piano. Quem não tem paciência para esses programas, digamos, sedentários, tem a possibilidade de praticar *paraglider*, *rafting*, rapel ou cavalgar.

Os visitantes da vizinha Canela costumam passear no Parque do Caracol, com sua cachoeira de 131 metros e diversos mirantes apaixonantes.

Quem deseja brindar o casamento com bons vinhos nacionais, cuja qualidade melhora a cada ano, pode passar em Garibaldi, maior fabricante de espumante do país, e Bento Gonçalves, cujas vinícolas do Vale dos Vinhedos mostram ao público sua produção em passeios guiados que incluem a degustação da bebida. O vinho ainda recepciona os passageiros na maria-fumaça que vai até Carlos Barbosa. Os aventureiros em busca de adrenalina a dois fazem *rafting* no rio das Antas. Também fazem parte do circuito gaúcho Nova Petrópolis, terra do café colonial; Caxias do Sul, com sua evidente herança da imigração italiana; e Farroupilha, centro de comércio de malhas.

SERRA DA MANTIQUEIRA

TODOS OS DESTINOS CITADOS, A PARTIR DOS PREÇOS MÉDIOS DAS POUSADAS: $$ (DE CARRO)

Fondue, vinho, trutas e chocolates artesanais aquecem o clima dos casais, que normalmente apreciam muito o romantismo desse acidente geográfico presente nos estados de Minas Gerais, São Paulo e Rio de Janeiro. As ruas de terra de Monte Verde (MG), distrito de Camanducaia localizado a 1.600 metros de altitude, dão um ar charmoso ao povoado, salpicado de casas em estilo rústico europeu, típico da montanha. A vegetação exuberante, os morros e as grandes pedras convidam o turista a caminhadas, durante as quais é possível avistar todo o Vale do Paraíba. Quem não gosta de ficar parado nem na lua-de-mel ainda tem a opção de praticar escalada, *rafting* no rio Jaguari, arvorismo, passeios a cavalo e grandes tours de moto. Os recém-casados também podem juntos encarar o desafio de patinar numa pista de gelo que conta com instrutores nos fins de semana. Se um dos dois cair e se machucar um pouquinho, sabe que o companheiro está totalmente à disposição para paparicá-lo durante o restante da temporada.

Mais famosa, a paulista Campos do Jordão tem características geográficas mais ou menos semelhantes, mas é muito maior e lotada de turistas no inverno (a alta temporada), o que lhe tira o ar intimista e aconchegante. Por isso, quem não gosta de agitação deve evitar a cidade principalmente em julho. Esportistas caminham por trilhas rodeadas de mata atlântica, banham-se em cachoeiras e escalam montanhas nos arredores. A Estrada de Ferro Campos do Jordão, hoje dedicada exclusivamente ao turismo, proporciona um passeio romântico.

Também está na Mantiqueira o Parque Nacional de Itatiaia, cuja flora exuberante emoldura as caminhadas, e o famoso pico das Agulhas Negras é o sonho de quem pratica alpinismo. A beleza do cenário da região convida a um delicioso piquenique com ingredientes caseiros, que podem ser comprados em uma das cidades da região: além da própria Itatiaia, Penedo, Visconde de Mauá e Engenheiro Passos.

PANTANAL

Bonito: $$$

Pantanal: $$$

Pantanal e Bonito: $$$

A observação dos casais de pássaros e dos ninhais (árvores repletas de filhotes, como um berçário) anima os pombinhos a viver seus momentos em seus ninhos de amor. Tudo orquestrado com o mavioso canto das aves, cruzeiros ao pôr do sol e um agarramento exagerado motivado por um falso susto ou medo com a aparição súbita de um jacaré. A região hoje tem uma boa infraestrutura de hotéis e pousadas localizadas geralmente em antigas fazendas, onde se organizam passeios de barco, a pé ou a cavalo. Tais cavalgadas às vezes têm formato de antigas comitivas que duram dias. O Pantanal tem duas estações muito bem definidas: a cheia, que alaga parte da área, de outubro a março, e é ótima época para a observação de aves, e a seca, no restante do ano, quando fica mais fácil encontrar mamíferos.

A região também diverte muito os amantes da pesca, ainda hoje considerada por muitos programa de homem. Se a amada ainda não aderiu ao esporte, apesar de o marido não largá-lo, a lua-de-mel pode tornar-se uma boa oportunidade para mostrar a ambos que até num barco cercado de piranhas e tucunarés o casal pode sentir-se numa ilha de felicidade. Após o teste, quem sabe durante a vida de casado os dois passem a praticar o esporte juntos.

Perto da região que fica um terço alagada durante quase metade do ano, o município de Bonito se firma cada vez mais como exemplo de destino ecoturístico. Ele limita a quantidade de turistas em determinados locais, como a gruta Azul, que tem tons de anil indescritíveis e piscinas naturais repletas de peixinhos. Aqui também há muito espaço dedicado aos esportes de aventura.

AMAZÔNIA

TODOS OS DESTINOS CITADOS: $$$

Passear em barcos ou iates pelos rios Negro, Solimões e, claro, Amazonas pode proporcionar momentos de extremo romantismo e prazer a dois. Os noivos apreciam a beleza das ilhas Anavilhanas, com suas areias branquinhas. Casais adeptos da pesca podem fisgar juntos um delicioso tucunaré e quem sabe prepará-lo em dupla. A região hoje dispõe de hotéis de selva com boa infra-estrutura e passeios de observação de animais e pássaros.

A 129 quilômetros de Manaus, no município de Presidente Figueiredo, podem-se fazer passeios a belas cachoeiras. Já no estado do Pará, o distrito de Alter do Chão, pertencente a Santarém e distante 30 quilômetros do centro da cidade, tem belas praias formadas à beira das águas transparentes do rio Tapajós. De agosto a dezembro, o nível do rio desce, formando bancos de areias branquinhas; em setembro, a Festa do Sairé reúne grupos folclóricos.

Ainda na gigantesca Amazônia, os viajantes admiram o estilo de vida das comunidades indígenas.

RIO DE JANEIRO

De carro: $$

De avião: $

De ônibus: $

O Rio de Janeiro continua lindo em qualquer época do ano para quem ama, apesar dos focos de violência e das guerras entre traficantes. O visitante precisa disfarçar ao máximo a cara de turista e não deve usar jóias nem nenhum adorno que se pareça com algo valioso. Os enamorados vão adorar passear abraçados pelo Jardim Botânico, ao redor da lagoa Rodrigo de Freitas, ou pelo Parque Nacional da Tijuca, maior reserva natural em região urbana do país. Ali se vêem animais como esquilos, micos e cutias em meio à mata atlântica. Quanto às praias mais gostosas, nada da agitação de Copacabana para os recém-casados em busca de sossego. Mas talvez um pulo em Grumari satisfaça a vontade de molhar as pernas. À noite, um espetáculo de teatro alegra o espírito ou inspira o romance.

De avião: $$

De carro: $$

Entre maio e outubro, os turistas se enfeitiçam pelo canto das baleias que passam temporada principalmente no litoral de Laguna, Porto Belo, Governador Celso Ramos, Florianópolis, Palhoça, Garopaba e Imbituba. Esta última lembra a época da caça dos cetáceos para extração de óleo, pele e outras partes do corpo do animal, com um museu especialmente dedicado ao assunto.

No verão, as águas do mar dessa costa ficam menos frias e se prestam ao banho. O mar de Bombinhas ainda está tranqüilo, mas a cidade nem tanto, pois se desenvolveu um pouco com a construção de *shoppings* e hotéis. De vez em quando abriga um pouco de trânsito, mas nada comparável ao do Rio ou de São Paulo. Porto Belo, pólo de esportes náuticos, está no roteiro dos navios que passam o verão pela costa brasileira. A paisagem da Guarda do Embaú, famosa depois que o modelo Paulo Zulu para lá se mudou, arranca suspiros e faz os amantes se esquecerem do mundo. Os surfistas freqüentam Garopaba.

Florianópolis, a capital, se espalha na ilha de Santa Catarina. Seus diversos chumaços de mata atlântica, claramente visíveis do avião, convidam a caminhadas e esportes de aventura, aumentando a adrenalina dos apaixonados. Ali ainda há resquícios da cultura açoreana, como as rendas de crivo que encantam as mulheres mais prendadas e a lenda do boi-de-mamão, manifestação folclórica que muito lembra o bumba-meu-boi maranhense. Quem adora se perder entre monumentos históricos não pode deixar de visitar a fortaleza de Santa Cruz, na ilha de Anhatomirim, cujo gramado convida a uma tarde de ócio sem grandes compromissos. Fica na região de Governador Celso Ramos, cidadezinha que ainda tem um clima de vila de pescadores com suas embarcações que colorem o mar.

RIO-SANTOS

São Sebastião: $

Ilhabela: $

Paraty: $

Angra: $$

A estrada que liga duas das principais cidades portuárias do Brasil descortina o oceano Atlântico em meio a focos de mata atlântica original. Os pequenos vilarejos do município de São Sebastião, que pontuam o litoral norte paulista, hoje são *point* de badalação principalmente no verão, caso de Maresias e Boiçucanga, mas alguns ainda não ficam tão lotados e garantem um delicioso banho de mar, como os dois vilarejos chamados Toque Toque, o Grande e o Pequeno, e Paúba. Mais ao norte, Ilhabela afasta muita gente por causa dos três bês: balsa, borrachudo e buracos, problemas que a tornam exclusiva, garantindo um clima íntimo para os casais e mantendo um cenário intocado, até meio selvagem, ideal para os esportistas que curtem caminhadas por trilhas, passeios de bicicleta e prática de esportes como rapel, mergulho, windsurfe e pesca.

Seguindo a costa, merece destaque particular a cidade de Paraty, cujo abandono contribuiu para conservar a arquitetura colonial e as ruas de pedras, com românticos restaurantes. As praias só são alcançadas de barco, e muitas delas ainda preservam certa aura selvagem. Já Angra dos Reis, destino de fim de semana dos endinheirados que moram no Rio, mescla embarcações caras como iates e *jet-skis* a belas paisagens em que de novo o verde da vegetação se encontra com o azul do mar.

EXTERIOR

Aqui as categorias mudam, mas os valores também incluem hospedagem turística, refeições básicas e transporte aéreo a partir de São Paulo. Os valores são:

$: até US$ 2.000

$$: de US$ 2.001 a US$ 4.000

$$$: de US$ 4.001 a US$ 7.000

$$$$: mais de US$ 7.000

BUENOS AIRES

Buenos Aires e Bariloche: $

Só Buenos Aires: $

A sensualidade do tango reforça a aura romântica na cidade de características européias. Os casais com pernas e braços entrelaçados *à la* Gardel seduzem os enamorados por toda parte em forma de miniaturas e capas de discos em vinil da feirinha de antigüidades de San Telmo, dos desenhos coloridíssimos à mostra nas calçadas da Boca, das estátuas vivas da Recoleta, nos espetáculos noturnos ou nas casas que ensinam a dança e oferecem jantar. Quem prefere deixar o tango de lado, pelo menos na hora de comer, pode conferir se realmente são afrodisíacas as receitas do Te Mataré Ramire, em Palermo Viejo, cuja atmosfera inspira romance: luz de velas, tons vermelhos e pretos na decoração e quadros com motivos eróticos pelas paredes.

À luz do dia, os amantes à moda antiga têm 15 mil roseiras para oferecer às suas queridas no Rosedal do Parque de Palermo, delicioso para caminhar de mãos dadas pelos bosques, descansar sob as árvores e até passear de pedalinho pelo lago. Consumistas loucos para desestabilizar o cartão de crédito podem ainda se deleitar ao ver seu amor experimentar casacos de couro e malhas de caxemira na tradicional rua Florida, onde fica, além das lojas de rua, a caríssima Galerías Pacífico, cuja arquitetura centenária lembra uma obra de arte. Por falar nisso, vale visitar o Malba, museu de arte latino-americana que reúne acervo importantíssimo do século 20, inclusive com obras de Tarsila do Amaral, Frida Kahlo e Hélio Oiticica.

LAGOS ANDINOS

SÓ BARILOCHE: $

LAGOS ANDINOS: $$

Muitas vezes a travessia começa em Bariloche, cidade argentina que merece alguns dias de estada em qualquer época do ano pela atmosfera romântica e algo bucólica entre montanhas com neves eternas e restaurantes intimistas. No inverno, as pistas de esqui de Cerro Catedral fervem, principalmente agora que estão totalmente privatizadas, o que melhorou a qualidade dos serviços. O lago-símbolo da cidade, Nahuel Huapi, é ponto de partida para a travessia entre montes nevados capazes de tranqüilizar os casais enamorados, que se deixam abandonar ao balanço do barco. As cidades chilenas Puerto Varas, Puerto Montt e Frutillar dão seqüência ao roteiro, durante o qual os viajantes não devem deixar de apreciar o famoso pisco sour, bebida à base de pisco, o destilado daquelas bandas, limão e clara de ovo, adicionada apenas para dar certa espuma ao drinque. Parece a nossa caipirinha, mas completamente diferente. Quem não tem medo de uma bebedeira a dois pode caprichar no delicioso tempero.

Também fica na região a cidade de Pucón, muito procurada no inverno por causa da estação de esqui. Ali os aventureiros praticam *snowboard* no lombo de um vulcão ainda em atividade. Mas o local também se mantém agitado ao longo do ano pela gama de esportes radicais que oferece, como *rafting* no rio Trancura, cavalgadas, escalada, *canyoning* e arvorismo. O lago Los Pozonos recebe os turistas com luz de velas em duas piscinas cobertas. Quem percorre a região de carro não resiste à tentação de parar debaixo de uma árvore para se refestelar num piquenique recheado com sanduíches à base de frios e vinho nacional economicamente comprados em um supermercado. Tudo com a vista de vulcões, montes nevados, pastagens verdes e vaquinhas se alimentando.

PARIS, VALE DO LOIRE, CHAMPAGNE-ARDENNES E CANAIS

Paris: $$

Paris e Vale do Loire: $$

Champagne-Ardennes: $$

A enorme variedade de museus da sempre romântica Paris pode engolir os visitantes. Por mais tentador que seja visitar todos eles, não haverá tempo de percorrer nem um décimo do que existe ali. Só o Louvre necessitaria de cinco semanas para ser totalmente apreciado a contento. Então, cuidado para não desfocar a atenção do amado. Aprecie realisticamente o que for possível, sem ficar exausto no fim do dia de tanto bater perna, já que a lua-de-mel pressupõe certa energia extra à noite. Além dos inúmeros museus, a capital francesa dispõe de jardins e parques deliciosos para passear de mãos dadas ou mesmo fazer um piquenique com vinho nacional e um sanduíche de baguete recheado com queijo *camembert*. Também vale a pena caminhar pela avenida Champs-Elysées sem pressa nem rumo ou simplesmente passar a tarde num café sem o compromisso de consumir nada além de um cafezinho preto.

Quem já está enjoado do ritmo alucinante de uma metrópole pode alugar um carro e desbravar algumas das regiões francesas. Todas elas normalmente são muito bem sinalizadas e têm nas cidades principais escritórios de turismo que oferecem mapas e informações. Os famosos castelos do Vale do Loire inspiram os viajantes a brincar de reis e rainhas em ambientes que não perderam a aura nobre. O jogo de faz-de-conta pode começar em cerimônias de casamento armadas dentro deles, como o Castelo de la Bourdaisière, cujo quarto do rei já hospedou muitos recém-casados em noite de núpcias.

Na região de Champagne-Ardennes, o casal pode brindar seu matrimônio bebendo o autêntico champanhe francês no café da manhã, no almoço e no jantar, além de conhecer o processo de fabricação nas várias *maisons* abertas ao público. Aliás, há produtores de vinhos que abrem as propriedades a turistas por todo o território francês, e os amantes da bebida de Baco têm à escolha diversos roteiros para avistar infinitos vinhedos pela janela do carro.

Também bastante romântica, a exploração dos canais franceses em barcos chamados *péniches*, que não excede 9 quilômetros por hora, rende calmos e inesquecíveis momentos a dois. Os viajantes alugam os barcos e os conduzem, respeitando regras básicas de trânsito. Como o meio de transporte é equipado com quarto e cozinha, o próprio casal determina se quer fazer a refeição a bordo, ensaiando cenas de um cotidiano bem próximo, ou se prefere conhecer o restaurante de uma das inúmeras cidadezinhas do caminho, muitas delas ainda com características medievais.

VENEZA, VERONA, ASSIS E COSTA AMALFITANA

Tour de uma semana: $$

Costa Amalfitana: $$$

As gôndolas venezianas confundem-se com o termo romantismo, porém o passeio nesse meio de transporte não é acessível para qualquer bolso. Quem faz questão de contar com uma imagem do casal dentro dessa embarcação no álbum de família deve se prevenir. Entretanto, desprezar a embarcação não necessariamente acaba com a magia de uma viagem de núpcias em Veneza. O fantasma de Casanova, que ali seduziu milhares de amantes, não tira o seu romantismo, mesmo que o casal a percorra a pé, subindo e descendo suas infinitas pontes, ou nos vaporetos, os táxis aquáticos que conduzem os turistas por um valor bem mais em conta que as gôndolas. A própria atmosfera da cidade, com seus edifícios quinhentistas mergulhados no mar, encanta até os menos românticos. Não muito longe dali, a Verona de Romeu e Julieta inspira os apaixonados. Que tal dramatizar cenas de amor no centro do anfiteatro local?

Os casais podem ainda flanar por cidades medievais como Siena, St. Geminiano e Assis, de São Francisco e Santa Clara, ou usufruir a brisa marítima das diminutas Amalfi, Praiano e Positano, na Costa Amalfitana, com suas construções penduradas nas encostas, compondo uma paisagem completamente diferente do litoral brasileiro. No entanto, tais cidades à beira-mar não têm estação de trem, e os turistas só chegam a elas de ônibus ou carro. A paisagem da Ilha de Capri, próxima a Nápoles, também garante momentos memoráveis no diário de bordo dos recém-casados.

CARIBE

CANCÚN: $$

CUBA: $$

OUTRAS ILHAS CITADAS: $$

A princípio as praias caribenhas parecem tão óbvias para uma viagem de lua-de-mel que nem mereceriam um destaque nessa lista. É exatamente por isso que muita gente, em busca de originalidade, pode desprezar essa opção. Mas ao pensar que os primeiros dias da vida de casamento podem significar o pontapé inicial para uma feliz vida a dois, por que não deixar a originalidade de lado e optar pelo óbvio, que, com certeza, renderá românticos momentos? Quem considera um tédio ficar o dia inteiro lagarteando na areia diante de um mar azul-turquesa ou tem horror a se trancafiar num *resort* repleto de atividades organizadas por monitores pode reservar as passagens para um país que, além de características geográficas paradisíacas, também tenha um pouco de história, como Cuba. O casal pode dedicar parte da estada a Havana, onde poderá conhecer os charmosos bares freqüentados pelo escritor norte-americano Ernest Hemingway, interagir com os habitantes para conhecer sua distante realidade e conhecer de perto fatos importantes da revolução liderada por Fidel. Mas em uma viagem a dois vale a pena privilegiar a estada numa das ilhotas do arquipélago, como Cayo Largo ou Cayo Coco, cujas praias desertas garantem momentos íntimos.

Aruba, San Martin, República Dominicana, Curaçao e Jamaica são outras ilhas da região, quase todas com *resorts* que funcionam no regime *all-inclusive*, pelo qual até os drinques típicos estão inclusos no preço da hospedagem. Esses locais se assemelham a uma verdadeira ilha da fantasia, cujos visitantes esquecem dos problemas do cotidiano e dos conflitos do mundo, pelo menos por alguns dias.

Outra ilha muito popular entre os brasileiros é Cancún, parte de uma cidade homônima no México. Ela é ligada por duas pontes ao continente. Todas as suas construções se dedicam ao turismo, como a zona hoteleira, os centros de compras e as agitadas casas noturnas. O mar tranqüilo e transparente propicia ótimo mergulho, e parques aquáticos como o XCaret, onde é possível nadar com golfinhos, proporcionam momentos divertidíssimos. Perto dali, as ruínas maias agradam ainda a quem gosta de história.

ÁFRICA DO SUL E ILHAS MAURÍCIO

África do Sul: $$$

África do Sul e Maurício: $$$$

A Cidade do Cabo lembra o Rio de Janeiro, ambas cidades geograficamente privilegiadas pela junção de montanhas esverdeadas e mar azulado. Até o código telefônico das duas cidades, 21, é o mesmo. O Pão de Açúcar da Cidade do Cabo é a montanha da Mesa, cujas nuvens dão a impressão de se ter finalmente atingido o céu. Há outros morros, como a Cabeça do Leão, os Doze Apóstolos e a Signal Hill, visíveis a partir de cruzeiros de barco ao pôr do sol que saem do Victoria & Alfred Waterfront, complexo de entretenimento, restaurantes e compras à beira-mar, próximo do Cabo da Boa Esperança. O caminho mais belo para chegar à reserva natural onde fica o acidente geográfico é o Chapman's Peak Drive, uma estrada dependurada na montanha. No caminho, a praia de Boulders testemunha banhistas e pingüins disputando um lugar ao sol. Também nos arredores da cidade maravilhosa sul-africana ficam propriedades produtoras de vinho, como Constantia e as fazendas de Stellenbosch. Elas são abertas aos turistas para exibir o processo de produção do fermentado.

Já os safáris fotográficos, principais chamarizes do país, normalmente se realizam às cinco ou seis horas da manhã em jipes com outros turistas. Quem odeia acordar cedo pode a princípio chiar, principalmente se não estiver habituado à diferença de fuso horário. Mas a observação da vida animal sem nenhuma interferência humana ajuda a despertar os mais preguiçosos, que vêem de perto o amor e a fome de leões, girafas, zebras e elefantes. Os churrascos noturnos no meio das savanas oferecidos pelos *lodges* aproximam com vigor os apaixonados ao verem ao longe a sombra de um quadrúpede com feições felinas sem conseguirem identificá-lo logo de imediato.

Totalmente construído pelo homem e considerado um parque de diversões para adultos, o complexo de Sun City se compara a uma grande ilha de prazer, com seus cassinos e piscinas com ondas motorizadas.

Hoje muitos casais apaixonados aproveitam a ida à África para esticar até Maurício. No meio do oceano Pacífico, a quase 2.000 quilômetros da África, a temperatura varia de 24 a 30°C nas ilhas salpicadas de corais, recifes e *resorts* esmerados para receber recém-casados, muitos deles com infra-estrutura para hospedar casamentos. Além das águas transparentes recheadas de peixinhos coloridos e próprias para mergulho e esportes náuticos, Maurício ainda dispõe de opções para quem gosta de história, religião e compras. O norte vive uma noite intensa com bares, restaurantes e discotecas e, durante o dia, os consumistas se divertem nos *shoppings*. Já os desprendidos das coisas materiais encontram o maior templo hindu do mundo, o Maheswarnath, construído em 1819. A riqueza da flora e da fauna completa o leque de atividades disponíveis e atrai os adeptos do ecoturismo.

ILHAS GREGAS E ATENAS

ATENAS: $$

ATENAS E ILHAS GREGAS: $$

ILHAS GREGAS: $$

A imagem do casario branco desabando pelos penhascos à beira do mar Egeu não sai da cabeça de muita gente. Os cruzeiros marítimos permitem que os turistas conheçam algumas das 56 ilhas sem precisar carregar malas nem perder tempo em *check-in* de hotéis, mas meios de hospedagem baratos também garantem o deleite dos apaixonados com orçamento mais baixo.

Mikonos não deixa ninguém parado com baladas eletrônicas; e, para quem pratica nudismo, a praia de Super Paradise é um paraíso. Aliás, é importante informar, para quem não está acostumado com esse tipo de praia, que não se trata de sacanagem, muito pelo contrário. As porções de areia reservadas aos pelados geralmente são locais de muito respeito freqüentados por pessoas que consideram o corpo uma linda peça integrante da natureza. Santorini tem características geográficas ímpares principalmente por causa do vulcão homônimo que ali explodiu em 1450 a.C., deixando como lembrança uma montanha cortada ao meio. Paros agrada a cônjuges com gostos e estilos díspares por aliar praias desertas, ondas ideais para surfe e casas de pescadores transformadas em bares e restaurantes superbadalados. Ainda selvagem, Milos tem praias bem diferentes entre si graças à grande variação das cores das rochas. Claro que não dá para desperdiçar a viagem e esquecer a capital, Atenas. Lembre-se de que a mitologia grega está recheada de histórias de amor e ódio que tornam seus deuses tão humanos como os apaixonados.

ROTA ROMÂNTICA (ALEMANHA)

$$

Castelos salpicados por plantações, florestas e pastagens transportam os apaixonados para os contos de fadas. O percurso de 350 quilômetros e 26 cidades no estado da Baviera inclui diversas comunidades formadas na Idade Média. A viagem começa na milenar Würzburg, à beira do rio Meno, com igrejas, castelos e palácios, como o Residencial, que tem 345 quartos e salas e foi construído em 1201. Depois os viajantes passam pela medieval

Rothenburg ob der Tauber, com suas peças teatrais a céu aberto; por Dinkelsbühl, cercada por lagos, muros, portões e torres; Nördlingen, onde se localiza a igreja gótica de St. Georg, inaugurada em 1505, com uma torre de 350 degraus da qual se observa toda a região; e Füssen, na base dos Alpes. Na região está o Castelo de Neuschwanstein, construído a mando do rei Ludovico II, no qual hoje se realizam musicais em homenagem ao monarca. O local serviu de inspiração para Walt Disney construir na Disneylândia da Califórnia o castelo da Bela Adormecida. Quer final mais feliz para uma viagem com o seu amor?

TAILÂNDIA

$$$$

Dizem que brasileiro não quer saber de praia quando viaja para o exterior, já que as suas não devem a nenhuma outra, principalmente se essas praias estão num local tão longínquo como a Tailândia. No entanto, a cultura e a religião locais, tão diversas das nossas, podem ser uma boa desculpa para desbravar esse país e, por que não, passar algumas noites nos *spas* à beira-mar ou nas cabanas sobre areia branca, presentes nas praias semidesertas do sul do território, muitas vezes perto de florestas e cachoeiras. Quem não dispensa badalação pode participar de uma das *raves* realizadas a céu aberto, sob a lua cheia, em Ko Pha Ngan, sobretudo na praia de Hat Rin. Já os corais do arquipélago de Ko Tarutao, com seu parque nacional marinho, encantam os mergulhadores. Suas praias totalmente desertas oferecem meios de hospedagem simples, com refeições à luz de velas e estrelas.

Por falar em comida, a pimenta em vários dos pratos lembra um pouco a Bahia e esquenta ainda mais o clima entre os amantes. Os cônjuges adeptos do zen sentem-se muito bem no país repleto de templos budistas, ideais para quem almeja uma meditação tranqüila. Claro que não há como deixar de lado a capital Bancoc, uma mistura de templos orientais do século 18 e moderníssimos arranha-céus e centros comerciais para quem não dispensa comprinhas. Seja para comprar, seja apenas para olhar, vale uma visita ao pitoresco mercado flutuante, cujas embarcações parecidas com longas canoas viram barracas de exposição dos produtos à venda. Outra curiosidade do país são as famosas mulheres-girafas, assim chamadas por utilizarem argolas no pescoço desde a infância para alongá-los. Quem sabe seu jeito exótico não possa inspirar as recém-casadas... Elas ficam no povoado de Padong, aonde se chega no lombo de elefantes.

AUSTRÁLIA

$$$$

Mais conhecida pela Grande Barreira de Coral, que favorece mergulhos deslumbrantes por seus peixes, lulas e tubarões, a Austrália tem em Sydney, a cidade principal – que não é capital, mas Canberra –, uma moderna vida agitada para quem ama viver ao ar livre. As praias desertas e badaladas esbanjam corpos sarados e surfistas. Mesmo com tudo isso, a Sydney Opera House não consegue perder o posto de símbolo local. Bem perto dali, da ponte Harbour, uma estrutura de ferro de vigas entrelaçadas, os namorados podem deleitar-se no fim da tarde ao ver os reflexos do sol com seu degradê nas velas brancas da ópera. Quem deseja aproveitar para resgatar o romantismo das viagens de trem pode embarcar no The Indian Pacific e cruzar o país de Peth a Sydney, isto é, sair da beira do oceano Índico para avistar o Pacífico.

A paisagem da Great Ocean Road, com sua seqüência de rochas chamada Doze Apóstolos, vale a viagem. O vinho australiano hoje em dia está entre os melhores do mundo, e as regiões produtoras também merecem um bom tempo de dedicação, como os vales Yarra e Hunter. Em algumas regiões, podem-se apreciar os parreirais do alto de um balão. Por falar nisso, também tem crescido a fama da Austrália de proporcionar alucinantes emoções na prática de esportes radicais, como o *bungee jump*.

ONDE ALGUNS FAMOSOS PASSARAM A LUA-DE-MEL

CELEBRIDADES BRASILEIRAS

Abílio Diniz e Geyse Marchesi	Caribe
Acelino Freitas (Popó) e Eliana Guimarães	Costa do Sauípe
Adriane Galisteu e Roberto Justus	Los Angeles e Salvador
Babi e Paulo Ferreira	Aruba
Caio Blat e Ana Ariel	Veneza
Carlos Casagrande e Marcelly Anselmé	Bariloche
César Filho e Eliana Mickely	Polinésia Francesa
Cláudia Raia e Edson Celulari	Egito
Débora Bloch e Olivier Anquier	Cuba
Eliana e Eduardo Guedes	Portugal

Fabio Assunção e Priscilla Borgonovi	Itália
Fábio Jr. e Patrícia de Sabritt	Austrália
Gustavo Borges e Bárbara Franco	Nova York e Suíça
Ivete Sangalo e Davi Moraes	Estados Unidos
Joana Prado e Vitor Belfort	Cruzeiro pelo Caribe
Kely Key e Mico	Mangaratiba (RJ)
Luciano Huck e Angélica	Nova York e Miami
Luciano (parceiro de Zezé di Camargo) e Flavia Fonseca	Ilhas Maurício
Luiza Brunet e Armando Fernandes	Ibiza
Marcio Garcia e Andréa Santa Rosa	Polinésia Francesa
Marcos Pasquim e Fabiana Kerlakian	Itália
Nara Leão e Cacá Diegues	Paraty
Paulo Maluf e Sylvia Maluf	Alemanha
Paulo Zulu e Cassiana Mallman	Bali
Roberto Carlos e Cleonice Rossi	Nova York
Rodrigo Pessoa e Keri Potter	Havaí
Ronaldinho e Milene Domingues	Angra dos Reis
Sergio Arno e Cássia Pinto	Salvador
Thereza Collor e Gustavo Halbreich	Itália
Tia Augusta e Paschoal Fortunato	Califórnia
Virginia Nowicki e Eduardo Rader	Taiti

CELEBRIDADES ESTRANGEIRAS

Bill Gates e Milinda French	Havaí
Britney Spears e Kevin Federline	Ilhas Fiji
Claude Monet e Camille Doncieux	Trouville (França)
David Beckham e Victoria Adams	Sul da França
Elizabeth Taylor e Richard Burton	Montreal
Elvis Presley e Priscilla Anne Beaulieu	Las Vegas
John e Jacqueline Kennedy	Acapulco (México)
Julia Roberts e Daniel Moder	Novo México (EUA)
Kevin Costner e Christine Baumgartner	Escócia
Lisa Marie Presley e Nicolas Cage	Havaí
Liza Minnelli e David Gest	Tailândia
Marilyn Monroe e Joe Di Maggio	Japão
Michael Jackson e Lisa Marie Presley	República Dominicana
Nicolas Cage e Alice Kim	San Francisco e Nova York
Paul McCartney e Heather Mills	Ilhas Seychelles
Príncipe Charles e Lady Diane	Cruzeiro no Mediterrâneo
Príncipe Charles e Camilla Parker	Escócia
Rainier III e Grace Kelly	Iate no Mediterrâneo
Reis da Noruega Harald V e Sonja	Búzios
Stephanie de Mônaco e Adans Lopes Peres	St. Martin (Caribe)

4

CERIMÔNIA E LUA-DE-MEL NUMA SÓ VIAGEM

Rituais polinésios no Taiti, cerimônias nas praias do Havaí, festa com a presença de Mickey e Minnie no castelo da Cinderela na Disney, casamentos à Frank Sinatra ou Elvis Presley em Las Vegas. Tais cenários almejados por muitos casais para dizer "sim" dispõem de uma indústria do casamento que exime os nubentes de qualquer preocupação, incluindo convites, buquê, cerimônia e música, claro que sempre com um custo adicional por item. Em muitos casos, é possível encomendar tudo isso pela internet ou por uma agência de viagens, desobrigando os noivos da árdua peregrinação por bufês, lojas de vestido de noiva, igrejas, sem contar a contratação de fotógrafos e músicos. Mas cuidado: o cardápio de serviços é tão amplo quanto a variação dos preços.

Esses tipos de casamento garantem certa privacidade, pois raramente têm a interferência da família, muito menos das sogras. Entretanto, restringem ou mesmo eliminam a presença de amigos e parentes que fazem parte da vida de cada um dos cônjuges; não que a participação deles seja vetada, porém nem todo mundo tem condições de pagar passagem e hospedagem no exterior para assistir a um casamento, mesmo que se trate do melhor amigo, a menos que todos os convidados da festa tenham uma condição econômica bastante confortável e/ou que os noivos sejam tão ricos a ponto de financiar a viagem para a trupe.

Quem faz questão de compartilhar com essas pessoas um momento tão especial da vida mas também sonha em se unir ao amado em um destino dos sonhos pode casar-se duas vezes, uma na cidade de origem, numa festa tradicional (ou não), e outra no destino da lua-de-mel, nesse caso sem a necessidade de esquentar a cabeça para validar a união ao chegar ao Brasil, processo meio chato e burocrático para alguns (*veja quadro na página 69*).

COMO
É EU TE AMO EM...

Alemão	Ich liebe dich	*[irrr libi dir]*
Chinês	Wo ai ni	*[uó ai ni]*
Espanhol	Te quiero	*[te quiero]*
Francês	Je t'aime	*[jê témi]*
Grego	S'agapô	*[sagapô]*
Hebraico	Ani ohev otakh	*[ani oev otac]*
Holandês	Ik hou van jou	*[ik rau fan iau]*
Inglês	I love you	*[ai lóviu]*
Italiano	Io ti amo	*[io ti amo]*
Japonês	Ai shite iru	*[ai shite iru]*

OS LOCAIS MAIS COBIÇADOS PARA O CASAMENTO DOS SONHOS

Ao lado de cada destino, os cifrões seguem a mesma legenda dos destinos internacionais do capítulo anterior e referem-se a pacotes de uma semana por casal no destino sem contar a cerimônia de casamento. Os valores estimados também incluem hospedagem em hotel categoria turística, aéreo a partir de São Paulo, café da manhã e refeições simples.

TAITI

$$$

Em vez da entrada da noiva de braço dado com o pai igreja adentro, o noivo chega para o enlace numa canoa enquanto sua amada o espera num altar de bambu todo florido. Na sociedade matriarcal taitiana, os papéis se invertem nesse momento da cerimônia. Antes dessa cena, o homem e a mulher foram preparados separadamente pelos nativos, ele com uma tatuagem temporária, ela com banho de óleos aromáticos e relaxantes. No ritual da união, os celebrantes quebram um coco e sua água escorre sobre as mãos dos nubentes, enquanto os oradores afirmam que a força da natureza uniu para sempre aqueles dois seres. Uma substituição à célebre frase "O que Deus uniu o homem não separa" das cerimônias católicas. Os noivos então se rebatizam, ganhando nomes polinésios, e recebem uma lista de possíveis nomes para os filhos vindouros. Após dizer o sim, o casal comemora a união em românticos jantares nos bangalôs ornados com pétalas de flores em cima da cama.

Todo esse ritual romântico não tem nenhum valor legal no Brasil, mas está carregado de um grande apelo simbólico que, para muitos, pode ter mais força que qualquer papel assinado. Quem faz questão dos dois comprometimentos, o legal e o espiritual polinésio, deve casar-se também no Brasil diante do juiz de paz.

O juramento realizado no arquipélago do Pacífico Sul vira alternativa para aqueles que não podem fazê-lo no Brasil, caso dos que ainda não se divorciaram ou de homossexuais, que podem participar dos rituais matrimoniais exatamente como os casais heterossexuais, pois o preconceito inexiste nas ilhas. Namorados que não queiram se comprometer ou casais que não vêem necessidade de confirmar seus votos são outros que podem usufruir da atmosfera sensual do Taiti, cujos habitantes adoram cantar o amor e sempre utilizam muitas flores para se enfeitar e recepcionar os visitantes.

A cor do mar tem degradê de azul porque o solo dessa porção de oceano constitui-se em vários vulcões inativos e corais de atóis que formaram um relevo desnivelado. Os famosos bangalôs espetados em palafitas sobre as águas advêm das antigas casas de pescadores e hoje são considerados o que há de mais sofisticado em termos de hospedagem, pois se trata da opção mais cara. Alguns deles têm o chão de vidro, o que permite aos hóspedes avistar um aquário natural sob seus pés. Quase todos os hotéis dispõem dessa modalidade de “quarto”, exceto os mais em conta, com vista para a praia ou o jardim.

Considerada a mais paradisíaca do arquipélago, Bora Bora é por isso mesmo a mais cara. Mas os viajantes também podem passar por Moorea, Rangiroa, Huahine e Papeete, esta última a capital do Taiti. Geralmente os pacotes incluem estada em pelo menos duas delas, e quem não quer ter o trabalho de fazer e desfazer malas na troca dos hotéis ainda pode visitá-las em cruzeiros de navios.

HAVAÍ

$$$

A noiva pode chegar a cavalo, de canoa, limusine ou helicóptero à cerimônia, embalada por violonistas, harpistas e bailarinos de hula. O cenário? Praias semidesertas, florestas tropicais, cachoeiras, crateras de vulcões, locais às vezes emoldurados pelo pôr do sol ou luaus repletos de frutas, dançarinas e muitas, muitas flores. A ilha de Maui é a preferida dos pombinhos por causa da beleza natural. Fazem parte do arquipélago também Kauai e Honolulu. Diversas empresas especializadas organizam o casamento dos sonhos do casal e esforçam-se em atender às suas criativas exigências. Muitos dos hotéis e *resorts* sofisticados dispõem de agentes de casamento, profissionais qualificados para concretizar os sonhos dos nubentes. Os pacotes incluem fotos, arranjos florais, comes, bebes e, às vezes, até testemunhas. Para oficializar o matrimônio, o casal deve preencher um formulário disponível na internet e entregá-lo no escritório de licenças de casamento. Depois, a certidão é enviada pelo correio. Após a cerimônia, dão mais sabor à lua-de-mel passeios de barco para observar baleias e tours de bicicleta próximos a vulcões.

LAS VEGAS

$$

Mesmo as pessoas avessas aos jogos nos cassinos consideram Las Vegas um parque de diversões para adultos, pela grande quantidade de hotéis temáticos que os transportam para paragens do mundo inteiro e ainda abrigam espetáculos. O New York New York tem o *skyline* de Manhattan; os pombinhos podem passear de gôndola na réplica de Veneza sem ter de pagar a exorbitância que é cobrada na cidade de verdade; a réplica de Paris reproduz as ruas e os monumentos da cidade; piratas decoram o Treasure Island; o Mirage abriga um vulcão em erupção; o MGM tem um *lobby* gigante repleto de leões.

O mesmo espírito permeia as cerimônias de casamento, que podem ter temas específicos, decoração própria e, como padrinhos, sósias de Elvis Presley, Janis Joplin, drácula e o faraó egípcio Tutancámon. O casamento gângster inclui um padre fantasiado do personagem e dois guarda-costas; no que alude à praia, a noiva chega sobre uma prancha carregada por musculosos surfistas. Outros exemplos de temas: Velho Oeste, Egito, esportes, gótico, *rock'n'roll* e intergaláctico.

Mas o grande *hit* da cidade é casar-se na Little White Chapel, a capela branca onde disseram "sim" ídolos como Frank Sinatra, Michael Jordan e Demi Moore, geralmente com direito à chegada de limusine colorida. Para oficializar a união, o casal deve comparecer ao escritório que expede licenças de casamento. Depois o estado de Nevada envia para o Brasil a certidão.

DISNEY

$$

Casais brincalhões com certeza não se arrependerão de passar uma lua-de-mel na Disney, só é preciso economizar energia para namorar na chegada ao hotel. Limitar um tempo máximo de diversão em cada parque e reservar um dia para descansar são algumas ações preventivas para preservar os momentos a dois.

Quem deseja ter um dia de Cinderela ou Branca de Neve antes de viver feliz para sempre pode realizar o matrimônio no parque e chegar à cerimônia numa carruagem de princesa. Mais de 20 mil casais já disseram "sim" no complexo Walt Disney World, em Orlando, onde estão os parque temáticos Magic Kingdom, Animal Kingdom, MGM Studios e Epcot. Os nubentes podem optar por uma cerimônia íntima ou fazer uma grande festa para até 250 convidados no Wedding Pavillion, com vista para o castelo da Cinderela e a presença de Mickey e Minnie como padrinhos. Depende do bolso e da criatividade.

COMO REGULARIZAR O ESTADO CIVIL NO BRASIL, PASSO A PASSO

1. Após o casamento no exterior, leve ao consulado brasileiro do país a certidão para que o órgão ateste a autenticidade daquele documento, processo chamado de consularização. Providencie um documento que evidencie o regime de bens adotado.
2. Já no Brasil, o casal tem seis meses, contados a partir da chegada ao país, para validar a certidão segundo a lei nacional. Contrate um tradutor juramentado para traduzir o documento para a língua portuguesa.
3. Leve ao cartório os seguintes documentos: certidão de casamento traduzida, segunda via da certidão de nascimento expedida em menos de seis meses, prova de regime de bens, comprovante de

residência original ou cópia autenticada, declaração de mudança de nome de solteira com firma reconhecida, requerimento para transcrição de registro de casamento com firma reconhecida, carteira de identidade, comprovante da volta do casal ao Brasil com data da chegada.

5
CASAMENTO DE ESTILOS

Ele não pára quieto, pratica esportes radicais, faz corrida de aventura e ficaria muito entediado numa praia deserta cujos únicos atrativos são o brilho do sol e o mar azul-turquesa. Já ela prefere sossego, quer lagartear ao léu e prefere pegar um táxi se precisar andar mais de 500 metros. Como agradar a pessoas de estilos tão diversos numa viagem em que absolutamente tudo tem de dar certo?

Calma, a situação é menos complicada do que parece. Afinal, o mais difícil vocês já conseguiram: apesar de tantas diferenças, sentem um amor tão grande que resolveram se casar, decisão muito mais complicada do que a própria lua-de-mel, certo? Com certeza, se um sente prazer com a companhia do outro em vários momentos do cotidiano, esse sentimento se acentua durante uma viagem. Nela os cônjuges já começam a pôr em prática alguns segredos para preservar a união: conciliar preferências, ceder, ser paciente.

Veja a seguir um esqueminha para ajudar neste momento de decisão. Parece até fórmula matemática, mas, neste caso, como no amor, sua lógica pode perder-se completamente. Mais uma vez, é preciso frisar que as variáveis são infinitas e que o objetivo aqui é apenas dar uma pequena idéia ao leitor como ponto de partida.

TIPOS DE TURISTA

CONTEMPLATIVO

Aquele que deseja o ócio total durante as férias e não se importa de passar o dia todo lagarteando à beira-mar.

ESPORTISTA/AVENTUREIRO

Não consegue ficar parado e adora caminhadas longas, exploração de locais desconhecidos e prática dos mais diversos esportes.

CABEÇA

Prefere aproveitar os momentos de lazer para pôr a cabeça para funcionar e crescer intelectualmente, visitando museus ou até fazendo cursos.

CONSUMISTA

Mesmo na lua-de-mel corre o risco de estourar o cartão de crédito, pois consumir e gastar são seus maiores prazeres.

CONTEMPLATIVO X ESPORTISTA/AVENTUREIRO

Aqui o cenário quase sempre é a natureza, praia ou montanha.

INTERNACIONAIS

Vários dos cenários de praias paradisíacas próprias para o ócio também têm infra-estrutura para mergulho e caminhadas. Muita gente não sabe, mas o Taiti abriga caminhadas por montanhas, vôos de ultraleve e mergulho com alimentação de tubarões. E tem aquele mar com diferentes tons de azul. As praias do Caribe em geral também têm essas características, como Cancún e os *cayos* (ilhotas) de Cuba.

Num cenário mais bucólico, a Suíça agrada a ambos os públicos. Sua paisagem de vaquinhas pastando em morros verdes e nevados, típica das embalagens de chocolate, acalma qualquer ser estressado. Em meio a esse cenário, os esportistas podem fazer trilhas de bicicletas ou longas caminhadas.

NACIONAIS

Os hóspedes da Costa do Sauípe (BA), 76 quilômetros ao norte de Salvador, relaxam e comem o dia inteiro em um dos aparelhados *resorts*, praticam esportes como tênis, golfe e hipismo em espaços reservados, e ainda contratam passeios de aventura, incluindo canoagem, por meio de agência de turismo especializada.

Nas chapadas brasileiras, como a Diamantina e a dos Veadeiros, também há espaço para ambos os perfis. Nesses locais os casais caminham longos percursos em meio à bela vegetação e em alguns momentos de descanso ficam parados apenas observando a paisagem. A primeira notabiliza-se pela emocionante tirolesa. O aventureiro fica dependurado num cabo aéreo por um sistema de cordas e roldanas e desliza em direção ao nada. A segunda tem um *rafting* famoso.

A Paraíba ainda não recebe enxurradas de turistas e possui praias bastante desertas, quase selvagens, como Tambaba, a única de nudismo do litoral do Nordeste, e Coqueirinho, cenário de passeios de *buggie* pelas dunas. No interior do estado, o Lajedo do Pai Mateus, em Cariri, tem uma paisagem deslumbrante que favorece a prática de *trekking* e rapel.

Vários trechos do litoral do Nordeste, aliás, se enquadram nesse perfil. Eles ainda preservam a tranqüilidade das praias, mas não deixam de produzir adrenalina. Os turistas escolhem se querem fazer passeios de *buggie* pelas dunas do Rio Grande do Norte e do Ceará sem ou com emoção. A última alternativa dá um frio na barriga que lembra as mais perigosas montanhas-russas. O "esquibunda" agita o verão da moçada, que desliza sobre uma prancha de madeira duna abaixo em direção a uma lagoa. E várias dessas praias costumam também contar com a tirolesa.

Para quem prefere um clima de montanha, os cenários de Gramado (RS) e Monte Verde (MG) estimulam ao mesmo tempo o ócio e os esportes na natureza.

CABEÇA X CONTEMPLATIVO

As praias novamente podem entrar na lista de preferências desses casais, mas desde que tenham de alguma forma participado da história dos primórdios de seus respectivos países e ainda preservem fortes ou outros tipos de monumentos.

INTERNACIONAIS

O mar azul-turquesa do Caribe convive harmoniosamente com fortalezas que remetem os turistas ao passado em cidades como Cartagena, na Colômbia, e San Juan, em Porto Rico. Em Cuba, os *cayos* entregam os folgados à sua própria sorte, mas o casal pode reservar parte da viagem para percorrer a capital, Havana, e assim penetrar na história da Revolução Cubana.

Na Europa, a cidade austríaca Salzburgo tem paisagens de montanhas azuladas que lembram a vida no campo e construções com arquitetura barroca. A terra natal de Mozart possui um museu dedicado ao compositor com seus objetos pessoais. O tour da "Noviça Rebelde" inclui lugares onde o filme foi rodado. Quem já assistiu à película tem a sensação de entrar na tela do cinema.

A Toscana, na Itália, também se enquadra nesse perfil. Suas estradas têm vinhedos, olivais e montanhas azuladas a perder de vista, e as cidades abrigam importantíssimos monumentos históricos e museus. Ali está Florença, berço do Renascimento. Só de caminhar pela cidade já se tem um banho de história. Uma réplica do *Davi* de Michelangelo parece vigiar os turistas na Piazza de la Signoria, e a escultura original está próxima dali, na Accademia. A Galeria Uffizi tem o principal acervo de arte renascentista do mundo.

NACIONAIS

Muitos pontos do litoral da Bahia se enquadram nesse perfil. É a região aonde os portugueses chegaram em 1500, e Salvador foi a primeira capital do Brasil. Ainda existem várias praias tranqüilas próximas dali, como Imbassaí, cujas mesinhas das barracas de sapé ficam dentro do rio, o vilarejo *hippie* Arambepe e a famosa Praia do Forte, localizada bem perto do castelo de Garcia D'Ávila, cuja maior parte foi concluída em 1624. O casal pode eventualmente se hospedar numa pousada em um desses lugares, tomar calmamente seu banho de mar pela manhã e passar a tarde entre as ladeiras do Pelourinho, visitar o Museu Náutico da Bahia, no Farol da Barra, com suas reproduções em miniatura das caravelas da época do descobrimento, e o Museu de Arte Moderna do Solar do Unhão, conjunto arquitetônico do século 17.

Não deixemos de citar ainda Parati, rodeada de praias selvagens e recheada de casas e mansões coloniais.

CONSUMISTA X CABEÇA

À primeira vista pode parecer uma das combinações mais difíceis de agradar, porém não é, já que a maioria das grandes cidades do mundo tem *shoppings* e atrações culturais.

INTERNACIONAIS

Os brasileiros têm a oportunidade de voltar às suas origens em Portugal. Em Lisboa, a capital, qualquer um se surpreende com a grandiosidade do Mosteiro dos Jerónimos ou a beleza do Castelo São Jorge. Os apelos históricos não têm fim no país: a cidade medieval de Óbidos, a bucólica Sintra, a universitária Coimbra, que ainda atrai estudantes do mundo todo. Quem deseja comprar, encontra os famosos tapetes arraiolos na cidade que o batizou, lojas de grife em Lisboa e, claro, os deliciosos vinhos nacionais, com destaque para os do Porto, consumidos como aperitivo, desjejum ou no meio da refeição.

Madri, Paris, Londres, Nova York e Milão são exemplos bem óbvios, pois dispõem de badaladíssimas lojas de grife, monstruosos centros de compras e diversificados museus, teatros e espetáculos musicais. O paraíso dos consumistas brasileiros em Paris são as lojas de departamento Galeries Lafayette e Printemps. Em Londres, o complexo de mercados da rua Camden Town é o *point* de quem aprecia discos, livros, roupas e cosméticos. A Itália se destaca pela produção de couro e sapatos.

Miami, já considerada meca das boas compras, atrai muitos consumistas. Tem museus de arte interessantíssimos, embora às vezes sejam pouco divulgados.

NACIONAIS

Seguindo a linha dos exemplos anteriores, figuram entre as opções desses casais São Paulo e Rio de Janeiro, cuja vida cultural atrai viajantes de todo o país, não só pelas exposições inéditas como pela gama de peças teatrais, *shows* e filmes. Recife e Salvador também podem ser alternativa para esses dois públicos, com o diferencial de que nessas capitais nordestinas os viajantes encontram produtos artesanais produzidos pelas comunidades dos seus arredores.

As Cidades Históricas de Minas Gerais preservam arquitetura colonial, a arte barroca da época de Aleijadinho e museus que aludem ao Brasil Colônia e à Inconfidência Mineira, que teve Tiradentes como um dos principais articuladores. Panelas de pedra-sabão, artesanato, doces caseiros e pedras preciosas estão entre os produtos ambicionados pelos consumistas.

CONTEMPLATIVO X CONSUMISTA

Praias paradisíacas dotadas de centros comerciais, por já terem se rendido à indústria do turismo ou mesmo que tenham se desenvolvido economicamente por outros motivos, podem agradar a esses casais. Claro que consumista que se preze vai achar imprescindível levar qualquer bugiganga de artesanato, mas às vezes esse tipo de produto não é suficiente.

INTERNACIONAIS

Atende exatamente a esse perfil a cidade de Cancún, no México, cujas maravilhosas praias de mar tranqüilo e morno convivem em harmonia com grandes *shoppings centers* e centros comerciais.

Quem deseja comprar o que se considera o melhor chocolate do mundo não deve deixar de visitar a Bélgica. As lojas e fábricas da iguaria estão espalhadas por todo o território. Uma das cidades que mais combinam com romantismo é a medieval Bruges, com seus passeios de barco pelos canais e de charrete pelo centro histórico.

NACIONAIS

O centro comercial de Búzios tem uma diversidade que inclui principalmente artigos de moda, decoração e artes. Ao mesmo tempo, ainda possui algumas praias selvagens.

Chocolates artesanais e malhas são produtos típicos de cidades da montanha. As baixas temperaturas e a paisagem bucólica estimulam justamente o turismo contemplativo. Serra Negra, no interior de São Paulo, e Gramado (RS) se enquadram nesse perfil. Visconde de Mauá (MG) ainda não se entregou ao turismo de massa e vende queijo de cabra, doce de leite e sabonetes.

ESPORTISTA/AVENTUREIRO X CONSUMISTA

Mais uma vez uma grande cidade pode ajudar esse casal de estilos aparentemente tão díspares.

NACIONAIS

Várias cidades do interior paulista tradicionalmente procuradas para compras recentemente têm investido nos esportes de aventura. Muita gente costuma sair da capital para comprar malhas em Socorro, por exemplo, e hoje a cidade é um grande pólo de aventura. Virou cenário de *rafting*, rapel e caminhadas. Com diversas lojas de malhas, Campos de Jordão também é famosa por chocolates artesanais e geléias. O centrinho de compras, em Capivari, fica lotado no inverno, alta temporada. Depois do consumo, o casal pratica *mountain bike* ou caminha uma hora e meia para alcançar a Pedra do Baú, na vizinha São Bento do Sapucaí.

O Rio de Janeiro entra de novo nesse contexto, com seus *shoppings centers* de grife, como o Gávea Trade Center, o São Conrado Fashion Mall ou mesmo o batido Barra Shopping, e ao mesmo tempo tem manchas verdes onde se praticam esportes, incluindo saltos de asa-delta e surfe.

INTERNACIONAIS

Roteiros que conjuguem estações de esqui com centros comerciais de tradição podem agradar a casais sofisticados. Bariloche é uma ótima alternativa porque fica perto do Brasil, não custa tão caro e oferece atrativos para quem não tem familiaridade com a neve, como restaurantes, lojas ou simples passeios a pé. A cidade agrada a aventureiros mesmo no verão, com cenário natural propício para *rafting*, *mountain bike* e escalada. Como toda cidade de inverno que se preze, as malhas e os chocolates estão entre os produtos mais consumidos. Quem deseja manter o cartão de crédito em movimento ainda pode esticar até Buenos Aires, que em determinadas épocas fica bastante acessível aos brasileiros.

Além dos emocionantes safáris, a África do Sul produz artigos que deixam inquieto qualquer consumista. As lojas de departamento, como a Woolworth's, têm boa variedade e preços atraentes. A loja Out of Africa, existente nos *shoppings*, vende artigos típicos do país, como máscaras e estatuetas de ébano, além de ornamentos feitos com ovo de avestruz talhados ou pintados à mão. Aliás, com o couro da ave os sul-africanos fazem resistentes bolsas, cintos e carteiras.

CABEÇA X ESPORTISTA/AVENTUREIRO

Cursos, contato com cenários históricos e a prática de esportes podem se casar, sim, durante a viagem.

INTERNACIONAIS

Quem não quer parar de estudar mesmo na lua-de-mel ou pretende aproveitar os dias livres para aperfeiçoar um idioma pode aliar cursos com aulas optativas ligadas a esportes, como clínicas de tênis nos Estados Unidos, mergulho na Grande Barreira de Coral, na Austrália, ou a prática de esportes radicais na Nova Zelândia. Outras atividades movimentadas também podem entrar na dança: na Argentina, algumas escolas de espanhol oferecem, à parte, aulas de tango. Esses cursos de línguas podem ser casados com aulas de cultura geral, moda e cozinha, o que pode virar um ensaio para a vida a dois.

Já quem não quer saber de estudar, mas tem vontade de desbravar lugares históricos, as ruínas de Machu Picchu, no Peru, mostram os mistérios da cultura inca em caminhadas leves ou pesadas para aqueles que fazem questão de praticar algum exercício.

NACIONAIS

Governador Celso Ramos (SC), cidadezinha próxima a Florianópolis, abriga a fortaleza de Santa Cruz, na ilha de Anhatomirim, além de ter pequenas agências de aventura especializadas em escaladas e caminhadas. Bem pertinho, a capital também oferece um leque de opções aventureiras em meio à mata atlântica.

Numa viagem ao Maranhão, quem gosta de história e cultura se deleita com os azulejos portugueses históricos de São Luís, as ruínas antigas de Alcântara e também pode fazer caminhadas de vários tipos entre as dunas dos Lençóis Maranhenses.

A Serra da Capivara, no Piauí, com suas pinturas rupestres e caminhadas pelo parque nacional, agrada a ambos os estilos de viajantes.

6 LUA-DE-MEL GLS

Antigamente "dois primos" viajavam juntos e tinham de juntar as camas de solteiro na calada da noite. Antes que a camareira aparecesse no dia seguinte para arrumar o quarto, lá iam eles separar os leitos da forma como o quarto fora encontrado.

Hoje os casais *gays* ou lésbicas não se sujeitam mais ao constrangimento de utilizar tais subterfúgios para curtir uma romântica viagem a dois. Muitos estabelecimentos treinam os funcionários para tratar esse público com respeito, sem risadinhas nem piadinhas. Alguns hotéis franceses chegam até a permitir o *late check-out* (partida após o meio-dia sem pagamento adicional) por saber que alguns *gays* e lésbicas gostam de dormir e acordar muito tarde. Outros estabelecimentos oferecem amenidades próprias de lua-de-mel para casais que estejam comemorando a união ou o aniversário de casamento, por exemplo, champanhe e cesta de frutas no quarto.

Quem não quer correr o risco de passar por algum tipo de embaraço e deseja ter a garantia de que poderá namorar sossegado na piscina do hotel sem perceber olhares tortos pode optar por estabelecimentos destinados a casais GLS ou que são fechados por um período para recebê-los. Há cruzeiros com a mesma característica, organizados por operadoras especializadas nesse público, como a RSVP e a Olivia Travel, no caso das lésbicas.

DESTINOS *FRIENDLY*

Determinadas cidades do mundo recebem melhor o turista GLS. Quem resolve passar a lua-de-mel em São Francisco ou na Ilha de Ibiza, na Espanha, provavelmente não será hostilizado. Ibiza, aliás, virou moda depois de ter sido descoberta pelos GLS, que costumam ser fiéis aos destinos que os tratam bem e depois fazem uma grande propaganda boca a boca. O mesmo fenômeno aconteceu na então árida Ilha de Mikonos, na Grécia, e em Miami, que voltou à moda depois que os *gays* ali abriram ateliês de arte, lojas e galerias descoladas. Já Buenos Aires tem uma vida noturna intensa e diversos bares, boates e restaurantes focados para esse público. Alguns destinos turísticos investem para angariá-lo, como a França, que periodicamente lança *folders* específicos com programas GLS e os distribui via Maison de la France, órgão de divulgação de turismo no país. A Grã-Bretanha, o Canadá, a Austrália e a cidade da Filadélfia, por exemplo, também têm investido em propaganda e treinamento. Porto Rico – ilha do Caribe com *status* de estado associado aos Estados Unidos – oferece ambiente amistoso, boates, praias e um centro histórico muito bem preservado para os homossexuais.

O estilo da lua-de-mel GLS varia de acordo com o jeito de cada um. Geralmente os *gays* não gostam de ficar em locais muito isolados e preferem cidades agitadas com bares, restaurantes e *shoppings centers*. Já as lésbicas, em geral, adoram curtir a natureza ao lado da pessoa amada e costumam optar por uma viagem contemplativa ou mesmo aventureira, que inclui caminhadas, passeios de jipe ou esportes radicais.

Estão na lista das cidades nacionais mais receptivas a *gays* e lésbicas Parati, Rio de Janeiro, Salvador, São Paulo, Fortaleza e Recife, estas duas últimas com praias e barracas especialmente dedicadas a eles.

COMO É MUITO OBRIGADO EM...

Alemão	Vielen dank	*[filen danc]*
Chinês	Xie xie	*[sie siê]*
Espanhol	Muchas gracias	*[muthas gracias]*
Francês	Merci beaucoup	*[merci bocú]*
Grego	Efkaristô poli	*[efcaristô poli]*
Hebraico	Toda rabá	*[toda rabá]*
Holandês	Dank u	*[dank ü]*
Inglês	Thank you very much	*[tenkiu véri mãch]*
Italiano	Grazie mille	*[gratsie mile]*
Japonês	Domo arigatô	*[dômo arigatô]*

PAÍSES HOSTIS

Se há cidades e países mais receptivos aos homossexuais, existem locais que consideram crime o relacionamento amoroso entre duas pessoas do mesmo sexo. Por isso, esses turistas podem ser presos ou até condenados à morte se vistos namorando em público. Assim os *gays* e as lésbicas devem evitar ou disfarçar a opção sexual em países mulçumanos, nos do Oriente Médio, Egito, Cuba, Marrocos. Ou podem se virar tranqüilamente nesses locais se descobrirem os códigos da comunidade local, por exemplo, a praça onde todos os *gays* se encontram em Cuba.

Como se trata de legislação, não há muito como combater o preconceito nesses lugares. Em outros locais, isso é possível, e o viajante pode inclusive se proteger com um seguro de viagem da World Plus. Ele garante assistência jurídica para as pessoas que se sintam discriminadas em virtude da orientação sexual durante uma viagem e o direito de o(a) companheiro(a) receber indenização em caso de morte do titular, benefício antes destinado ao parente mais próximo.

DESTINOS MAIS VISITADOS PELO PÚBLICO GLS

BRASIL

- Fortaleza
- Salvador
- Recife
- Paraty
- Rio de Janeiro
- São Paulo

EXTERIOR

- São Francisco
- Miami
- Buenos Aires
- Paris
- Ibiza
- Londres
- Amsterdã
- Berlim
- Mikonos
- Sydney

Fonte: Álibi e Abrat.

ALGUNS HOTÉIS GLS AMIGÁVEIS NO BRASIL

(preparados para atender a esse público, sem preconceito)

GLENZHAUS LODGE (BÚZIOS)
(21) 2239-9933 www.glenzhaus.com.br

HOTÉIS OTHON
0800-2851500 www.hoteis-othon.com.br

HOTEL DIOGO PRAIA (FORTALEZA)
(85) 3248-9988 www.diogohotel.com.br

HOTEL MELIÁ (FORTALEZA)
(85) 4006-5000 www.solmelia.com

INTERCONTINENTAL (SÃO PAULO)
0800-118778 www.ichotelsgroup.com

O POUSO DAS MARIAS-SEM-VERGONHA (PENEDO-RJ)
(24) 3351-1840 www.marias-sem-vergonha.com.br

POUSADA CHEIRO VERDE (ARRAIAL D'AJUDA)
(73) 3575-1066 www.cheiroverde.com.br

POUSADA DO ZÉ MARIA (FERNANDO DE NORONHA)
(81) 3619-1258 www.pousadazemaria.com.br

POUSADA PETER (OLINDA)
(81) 3439-2171 www.pousadapeter.com.br

POUSADA VILLA DEL SOL (PARATY)
(24) 3371-1343 www.villadelsol.com.br

Hotéis destinados especialmente a *gays* no exterior

Chestnutz (Palm Springs, Califórnia)

www.purpleroofs.com/chestnutz-ca.html

Lugar Gay Bed & Breakfast (Buenos Aires)

http://lugargay.org

Sun Coast Resort Hotel (St. Petersburg)

www.suncoastresort.com

The Glen (Cidade do Cabo)

www.glenhotel.co.za

The Golden Bear (Amsterdã)

www.goldenbear.nl

Vieux Donjon (Pressigny Lês Pins, vilarejo a 176 km de Paris)

www.gayresort.fr

Sites úteis

Agência virtual

www.gaytravel.com

Associação Brasileira de Turismo GLS (Abrat)

www.abratgls.com.br

Associação Internacional de Viagem Gay e Lésbica (IGLTA)

www.iglta.org

Canal Lesbians

www.canallesbians.com

Guia Gay Brasil

www.guiagaybrasil.com.br

Olivia Travel (só para lésbicas)

www.olivia.com

Reservas de hotéis

www.gayres.com

RSVP Vacations

www.rsvp.net

AGÊNCIAS BRASILEIRAS ESPECIALIZADAS

Álibi Turismo

(11) 3283-4702 www.alibi.com.br

Inter-Rainbow

(11) 3214-0044 www.inter-rainbow.com.br

The Clube Travel & Cruises

(11) 3256-2763 www.theclube.com.br

7

AMAR SEM IR À FALÊNCIA

O assunto "dinheiro" desgasta muitos relacionamentos e chega a causar a separação de vários casais. Os gastos do casamento, da festa e da lua-de-mel talvez sejam o primeiro grande teste de muitos com a polêmica questão. A primeira regra óbvia é aquela que às vezes nem as gigantescas empresas ou o governo conseguem cumprir: gastar apenas aquilo que se tem. Para ser mais flexível, o máximo aceitável é parcelar o valor da viagem em prestações possíveis de ser pagas a cada mês, sem comprometer aluguel, alimentação, luz, água e telefone. Afinal, agora vocês ainda por cima têm uma casa própria para abastecer. Mas é preciso avaliar se vale a pena apelar para a prática logo no início da vida a dois. As dívidas às vezes crescem como bola de neve, principalmente se os juros são muito altos. E, pelo efeito dominó, podem acompanhar os cônjuges pelo resto da vida – ou até que o divórcio os separe.

LIMITE DE GASTOS

A primeira tarefa do casal é estipular um limite de gastos com a viagem, uma quantia máxima para esse primeiro grande projeto a dois. Com isso, fica mais fácil descobrir se vocês têm condições de fazer uma viagem internacional ou não, o tipo de hospedagem a ser escolhida, o meio de transporte etc. Definido o orçamento, seja fiel a ele. Ao fazer suas contas, lembre-se dos outros gastos do casamento, como igreja, festa, vestido de noiva, flores etc. etc. etc. etc. E não deixe para a lua-de-mel apenas a sobra da poupança se desejar uma viagem mais bacana, que extrapole os limites do estado onde habita. Quem sonha com lugares paradisíacos caros pode simplificar um pouco a festa. Uma idéia é casar no interior, cujo aluguel da igreja é muitíssimo mais barato do que o dos templos da capital, além do local ser charmoso.

O orçamento bem definido ajuda até quem recebe a viagem de presente dos pais, dos sogros ou dos convidados da festa, num esquema em que a lista de presentes do casamento vira cotas para serem gastas na lua-de-mel (*veja A viagem como lista de presentes na p. 92*). Assim os noivos conseguem pagar por maior quantidade de serviços extras, como jantares à luz de velas em restaurantes sofisticados, passeios, aulas de mergulho, piqueniques no campo, ingressos para boates e espetáculos em cartaz na cidade, prática de esportes radicais, luaus, aluguel de carro, serviços de *spa*, *upgrade* nos vôos, além de mimos disponíveis no próprio apartamento, como garrafas de champanhe e cesta de frutas (*veja* outras cortesias no capítulo *O Ninho dos Pombinhos na p.123*).

O casal deve ser fiel ao orçamento durante a viagem. É cansativo anotar cada pequeno gasto no meio do passeio, mas tenha uma idéia geral do quanto você pode desembolsar por dia. Leve em conta que determinados programas ao longo do roteiro exigem mais dinheiro que outros. Por exemplo, pense numa viagem dividida entre três dias de *resort* numa praia deserta e outros três numa capital lotada de museus, *shoppings* e entretenimento noturno. Na segunda metade, é muito mais fácil estourar o cartão de crédito, por isso tenha na cabeça uma idéia geral dos seus limites em cada etapa do roteiro. Facilita um pouco o raciocínio fazer as contas mentais já na moeda do país. Quem converte tudo do euro ou do dólar para o real acaba ficando tão chocado com a exorbitância dos valores que corre o risco de passar a lua-de-mel a pão e água – das fontes, que, na Europa, geralmente são potáveis (até o preço da garrafinha de água mineral assusta).

É preciso determinar as prioridades durante a elaboração da viagem. É mais importante estar em um local paradisíaco no exterior, mesmo optando por uma hospedagem mais simples, ou vale mais a pena garantir o conforto de um *resort* de luxo pelo Brasil mesmo? Talvez seja possível mesclar hotéis simples e luxuosos para não agredir tanto o bolso, mesmo que o destino da viagem seja um só. Nesse caso os hotéis mais caros devem ficar para o final da estada, para que o casal termine a viagem em grande estilo e não se decepcione ao diminuir o conforto.

COMPRANDO EM AGÊNCIAS

As agências de viagens não cobram pelo trabalho de pesquisa, apenas ganham uma porcentagem sobre o que vendem – pacotes, reservas de hotel, passagens aéreas etc. Em muitos casos elas conseguem preços mais baixos do que os oferecidos aos passageiros individualmente porque bloqueiam lugares com antecedência. Além disso, têm acordos especiais com fornecedores.

Ao adquirir o pacote, verifique tudo o que está incluso para não ter surpresas desagradáveis durante a viagem. Por exemplo: É mais barato comprar os traslados entre o hotel e o aeroporto antes de embarcar, pois o serviço costuma custar caro, sobretudo em destinos cujos aeroportos ficam muito afastados dos grandes centros.

A VIAGEM COMO LISTA DE PRESENTES

Alguns noivos têm transformado a lista de presentes de casamento em cotas para ajudar no pagamento da lua-de-mel. Adere a esse esquema principalmente quem já tem casa montada antes do matrimônio, por já ter saído da casa dos pais há muito tempo.

O casal contrata uma agência de turismo para montar a viagem e passa o contato para os convidados que quiserem presentear com quantias para os custos da lua-de-mel.

Como não é possível saber quanto será arrecadado e as reservas de passagens aéreas e de hotéis precisam ser feitas com certa antecedência, os recém-casados arcam com a diferença se não ganharem o suficiente. Já se a contribuição dos convidados exceder o valor da viagem, o que é raro, o casal leva a quantia suplementar para gastar como quiser.

As agências enviam para os noivos relatórios periódicos com a situação da "conta". Por outro lado, os convidados ganham um cartão de agradecimento, que serve de recibo. Algumas empresas não contam para os noivos a quantia presenteada pelo convidado, se ele preferir, embora os padrinhos adorem divulgar o valor quando resolvem investir pesado nos afilhados.

O sistema já está muito bem estruturado em algumas agências de turismo, mas aquelas que nunca o adotaram podem assimilá-lo.

Quem sente segurança em elaborar uma viagem tão importante com o agente que já conhece não precisa trocá-lo por um profissional já estruturado para esse tipo de serviço. Antes de contratar uma empresa, verifique se ela cobra taxa administrativa, juros ou qualquer outro adicional por se responsabilizar pela quantia. Determinadas agências abrem inclusive uma conta corrente em nome do casal ao adotar o regime de cotas, o que acaba gerando gastos extras de manutenção. Certifique-se de tudo isso antes de divulgar para os amigos e parentes onde está a lista de presentes. Mesmo sabendo que parte ou até toda a viagem sairá de graça com o esquema, quanto mais dinheiro você conseguir arrecadar, mais vai usufruir.

Nem sempre, porém, os convidados aderem ao esquema, talvez porque o presente não se materialize em algo que fará o casal se lembrar de quem o deu ou porque esse hábito não está arraigado na cultura do brasileiro. Uma dica para garantir uma boa contribuição é não fazer listas em lojas e deixar claro, para quem perguntar, que o presente dos sonhos do casal é a viagem.

QUE TIPO DE DINHEIRO LEVAR

Quem viaja pelo Brasil pode utilizar sempre o prático cartão do banco. Alguns bancos informam no próprio *site* todos os caixas eletrônicos do Brasil. É preciso se prevenir e manter sempre um pouco de dinheiro extra para pagar pedágio e usá-lo nos locais que não aceitam cheques nem cartão de crédito. Atente também para o fato de que alguns estabelecimentos até aceitam cheques, mas não de outra praça.

O cartão de crédito normalmente ajuda bastante e até ocupa pouco espaço, no entanto acaba atrapalhando se o consumidor não tem dinheiro para pagar o valor total da fatura e acaba parcelando, o que significa pagar juros mais tarde e se endividar ainda mais.

Quem viaja para o exterior corre o risco de virar vítima da instabilidade do real e gastar muito mais no dia do pagamento da conta do que ao efetuar a compra se a moeda desvalorizar muito.

Para driblar esse incidente, o turista já pode trocar o dinheiro pela moeda do destino ou comprar cheques de viagem (*traveller checks*) que têm seguro. O viajante só pode se arrepender de aderir a esse procedimento se o dólar cair. Tente comprar vários cheques de quantias pequenas para facilitar a troca e para pagar contas de hotéis e restaurantes com esses papéis. Adquira-os também na moeda do destino para ganhar na conversão e anote em lugar seguro os códigos.

Esses papéis, cartão de crédito, somas maiores de dinheiro e documentos de viagem em geral devem ficar guardados em pochete de tecido dentro da roupa (porta-dólar), grudada no corpo.

Você pode comprar alguns dólares, euros ou moedas dos países escolhidos ainda no Brasil. Assim tem menos preocupações no destino e se protege de possíveis mudanças de câmbio. Se tiver de trocar dólar pela moeda local durante a viagem, evite fazer a operação em casas de câmbio localizadas em zonas muito turísticas, principalmente aeroportos e hotéis, cujas taxas de conversão costumam ser desfavoráveis. Mas há exceções, e é difícil saber como descobrir os lugares mais propícios para a operação. Varia muito de lugar para lugar. Talvez o agente de viagens ou algum conhecido que já tenha visitado a região possa lhe dar uma dica.

Depoimento da autora

Janeiro de 1999. Circulávamos pela costeira Rota Jardim, na África do Sul, quando de repente ouvimos a palavra "Brasil" no rádio do carro alugado. "Deve ter acontecido alguma coisa grave." O governo perdera o controle sobre a até então constante paridade um para um entre dólar e real e a moeda do país descambara. Conclusão: todo nosso gasto até então dobraria quando pagássemos a conta do cartão de crédito, instrumento ao mesmo tempo prático e capcioso.

COMO AS GORJETAS ENTRAM NO ORÇAMENTO

A globalização e os mercados comuns entre os países não unificaram uma regra para todas as nações quando se trata de um agradinho aos funcionários pelo serviço prestado. Isso varia de país para país. Por isso o casal deve pesquisar antes na agência de turismo, em *sites* e em guias sobre o sistema do local para onde viajará. No Brasil os taxistas não ganham gorjeta, mas nos Estados Unidos os motoristas ficam enfezados quando não recebem caixinha. A porcentagem do serviço sobre a conta do restaurante também não tem regra geral; no Brasil é 10%, em outros países, 15%. Há ainda os destinos cujos moradores ficam ofendidos quando ganham gorjeta, caso do Taiti. E os *resorts all-inclusive* proíbem a prática, já que teoricamente ela está incluída nas diárias – se os funcionários saem ou não perdendo com esse sistema é outra história.

FUTUROS GASTOS NA PONTA DO LÁPIS

DOCUMENTOS

- Passaporte
- Seguro de saúde
- Vistos consulares

MEIO DE TRANSPORTE

- Passagem aérea
- Taxa de embarque
- Traslados aeroporto/hotel
- Aluguel de carro (com seguro)
- Gasolina
- *Check-up* do carro
- Manutenção do carro
- Táxi
- Aluguel de bicicleta
- Cruzeiros de navio
- Gorjetas no navio
- Taxas portuárias
- Passagens e/ou passes de trem
- Passagens de ônibus
- Transporte público da cidade (metrô, ônibus, trem)

HOSPEDAGEM

- Diárias do hotel/pousada/pensão/albergue (veja se inclui café da manhã)
- Gorjeta dos maleteiros
- Taxas

- Despesas de *spa*
- Gastos com academia
- Lavanderia

ALIMENTAÇÃO

- Café da manhã (quando não está incluso na diária)
- Almoço
- Jantar
- Frigobar do hotel
- Drinques
- Lanches

ENTRETENIMENTO

- Entradas de museus
- Ingressos de parques
- Teatro, *show*, cinema, concertos, balés
- *City tours*
- Aluguel de equipamentos esportivos (caiaque, mergulho etc.)
- Passeios (barco, ônibus etc.)
- Compras

EXTRAS

- Telefonemas
- Suvenires
- Eventualidades
- Outros

COMO BARATEAR A VIAGEM

- Quem não é professor nem estudante deve evitar as altas temporadas, geralmente dezembro, janeiro e julho, época em que o preço de passagens, hotéis e demais produtos da indústria turística sobe muito. As baixas estações proporcionam maior privacidade, pois pontos de interesse, hotéis e restaurantes ficam menos concorridos, e há maior facilidade para reservas.
- Quanto maior a antecedência das reservas das passagens aéreas, mais baratas ficam. Isso porque as companhias aéreas reservam uma quantidade de lugares em cada vôo para as tarifas promocionais. Às vezes eles ficam indisponíveis em questão de minutos.
- Pacotes de turismo costumam ser mais baratos do que a compra de cada item em separado. Isso não significa participar de uma excursão agitada, com uma agenda mais apertada do que a do seu escritório, pois as agências também oferecem roteiros exclusivos que garantem intimidade, com traslado privativo e aluguel de carro, por exemplo.
- Seja fiel ao orçamento estipulado.
- Não deixe que a lua-de-mel seja o último item da sua lista de gastos com o casamento; tente equilibrar todos eles de acordo com as suas prioridades.
- Mesmo que você viaje para um único local, não é preciso ficar todo o tempo no hotel mais caro. Divida a estada entre um estabelecimento luxuoso e uma pousada mais simples.
- Pechinche sempre que possível. Nas companhias aéreas, isso complica um pouco, já que os preços obedecem a tabelas es-

tipuladas, mas os hotéis, as agências de viagem e os vendedores de outros serviços têm uma flexibilidade e uma faixa de lucro que permitem descontos.

- Pesquise as barganhas dos *sites* de reservas da internet (veja endereços em *Agenda dos Nubentes* na p.163).
- Os hotéis também têm quartos de diferentes níveis, dos mais simples, normalmente chamados *standards*, aos mais caros, em alguns casos as suítes presidenciais, maiores e equipadas com grandes banheiras, sala de almoço, miniescritório e outras características. Será que você precisa de tudo isso?
- As companhias aéreas brasileiras têm marcado vôos na madrugada, chamados de corujões, que saem bem mais baratos que as rotas normais.
- Os vôos *charters* (com aviões inteiros alugados por operadoras de turismo) costumam custar bem menos do que as linhas comerciais normais.
- Aproveite para usufruir das passagens aéreas ganhas no seu programa de milhagem, conquistadas não só por quilometragem voada, mas também por parcerias da administradora do cartão com lojas, hotéis e outros serviços.
- Cheque os benefícios oferecidos pelo seu cartão de crédito, como seguro de saúde e de extravio de malas e ligações telefônicas com descontos, antes de contratar esses serviços.
- Substitua algumas das refeições por românticos piqueniques com ingredientes comprados no supermercado.
- Restaurantes e lojas em zonas turísticas costumam ser muito mais caros do que nas áreas freqüentadas pelos moradores. Uma vez ou outra vale a pena seguir indicações desses locais, mas, se o orçamento estiver apertado, evite-os.

GASTOS INÚTEIS, IRRITANTES E SINÔNIMO DE DINHEIRO NO LIXO

- Multa por excesso de bagagem no avião. O limite de peso permitido deve ser verificado no ato da reserva. Além de você gastar com algo que não vai usufruir, muitas vezes não conseguirá usar várias das roupas levadas. Para otimizar o espaço da mala, pesquise bem o clima do destino e escolha cores neutras para que tudo combine lindamente.
- Compra no destino de itens de uso pessoal, como filmes de máquina fotográfica, xampus e absorventes, que custam muitíssimo menos no Brasil, principalmente se comparados com países cuja moeda é muito mais valorizada que o real.
- Revelação de filmes no destino. Pelo mesmo motivo já apresentado. Revele um único rolo para verificar se a máquina está funcionando bem.
- Aluguel de carro ou uso de táxi em cidades que podem ser facilmente percorridas de metrô, como Paris, Londres e Nova York. Além do fator financeiro, o motorista fica estressado por causa de congestionamentos e dificuldades para estacionar. Algumas cidades convidam a passeios a pé ou de bicicleta e têm ciclovias.
- Telefonemas do hotel para os pais, pagando altas taxas. Em alguns países, como Estados Unidos e Portugal, há um cartão pré-pago que contém uma espécie de senha determinando a quantidade de créditos de que o usuário dispõe. Para ligações a cobrar, o brasileiro telefona para operadores brasileiras, como a Embratel e a Telefonica, cujo número varia de país para país, e realiza a chamada automática ou via telefonista.

Consumo de água de frigobar por preço de vinho. Garante uma enorme economia passar no supermercado para comprar água, refrigerante ou comidinhas. A mesma dica vale para os cruzeiros marítimos. Muito cuidado no Japão: o fato de tirar o produto do frigobar muitas vezes já obriga a pagá-lo.

Pagamento de filme de TV a cabo de hotel sem vontade de assisti-lo. Certifique-se bem se o canal que você está assistindo está incluso na diária ou precisa ser pago à parte. Em muitos hotéis, o letreiro do televisor pergunta várias vezes se o hóspede tem certeza de que deseja pagar pelo serviço antes de incluí-lo na conta, mas nem todos funcionam assim.

Desembolso de uma fortuna para verificar os *e-mails* no hotel. Confira antes na recepção quanto custa o serviço e avalie se você realmente está a fim de ler suas mensagens. A lua-de-mel, diferentemente de uma viagem de negócios, é uma ótima oportunidade de se desligar do mundo. Talvez valha mais a pena deixar uma resposta automática dizendo que você está ausente até determinado dia e que entra em contato apenas na volta.

8
É HORA DE FAZER AS MALAS

Talvez esta não seja exatamente a primeira viagem realizada em conjunto, porém a aliança no dedo pode trazer um peso extra à bagagem, confundindo os recém-casados no que diz respeito à melhor maneira de preparar as malas. A mulher deve tomar à frente do cuidado das coisas do marido, como muitas fazem, e arrumá-las sozinha? A comunhão de bens já deve começar aqui, compartilhando a mesma mala, ou cada um deve providenciar a sua na própria casa para depois pensar em também juntar os trapinhos?

Não existe regra específica para isso. Depende do grau de envolvimento dos cônjuges, da organização pessoal de cada um, do apego aos objetos pessoais. Quem está acostumado a ter tudo preparado pela mamãe vai adorar que o esquema continue e que o papel de babá agora se transfira para a esposa. No entanto, quem mora sozinho há muito tempo e está acostumado a arrumar as próprias coisas pode estranhar o estilo de arrumação da companheira, por mais que a ame, e até ficar estressado se não encontrar a cueca no bolsinho do zíper de fora. Os noivos devem combinar como seus pertences serão transportados para o destino dos sonhos. Um dos cônjuges pode ficar ofendido se o outro insistir em fazer tudo sozinho. Talvez ele queira levar uma surpresa para ela, como uma *lingerie* provocante novinha, um CD que marque a vida do casal, os bombons preferidos, e a insistência em arrumar tudo possa estragar a novidade.

Em contrapartida, se os dois dispuserem de tempo, pode virar uma grande diversão fazer as malas juntos, resolver juntos o que levar, perguntar ao futuro marido se ele gosta mais da saia vermelha ou bege. Resolver juntos se incluirão um calção de banho e um biquíni para nadar na piscina aquecida do hotel, mesmo em se tratando de um inverno rigoroso, ou se o programa vai se concentrar apenas nos atrativos para um dia de frio.

De todo modo, é um bom momento para usar o jogo de malas pertencente à família que se forma. Pode ter sido um presente de casamento, herdado dos pais ou familiares, ou mesmo de uso pessoal, mas ainda novinho.

EVITE A MALA PESADA

Mulheres gostam de combinar tudo, levando diversos pares de sapato, roupas e acessórios. Tudo bem, trata-se da lua-de-mel e você realmente quer estar linda para o amado todos os dias, mas lembre-se de que ele pode ficar muito estressado se tiver de ajudá-la a carregar vários volumes pesadíssimos, se eles não couberem no porta-malas do carro, obrigando-o a fazer malabarismos para acomodar tudo cada vez que sair de um hotel, se não conseguir arrumar vaga no trem para enfiar as valises, se for obrigado a pagar excesso de bagagem logo de cara no *check-in* do aeroporto.

Os consumistas vorazes não devem se esquecer de deixar um espaço reservado para as compras que embarcarão na volta, capazes, em alguns casos, de dobrar o peso da bagagem. Quem não consegue resistir ao impulso consumista acaba utilizando truques, como enfiar milhares de casacos, camisetas, calças no próprio corpo. Ou faz um ato de caridade no destino visitado e doa aquelas roupas velhas da época da vida de solteiro para camareiros, garçons ou recepcionistas que o trataram tão bem ao longo do *tour*.

Casais práticos sabem que calça *jeans* combina com tudo, além de ser muito confortável. Algumas pessoas fazem questão de jantar em restaurantes formais ou às vezes esse tipo de programa faz parte do seu roteiro, como acontece em cruzeiros marítimos ou hotéis requintados. Mesmo assim é possível simplificar a vida. O velho e bom preto básico combina com tudo. Certos vestidos perdem a aparência de amassados apenas com o vapor do banheiro. O homem nem sempre precisa carregar mais de um terno ou um blazer, bastando apenas variar a camisa.

Também não podem faltar na mala o xampu e condicionador preferidos, pois não se pode arriscar a ficar com o cabelo arrepiado ou murcho em plena lua-de-mel, por ter comprado um produto desconhecido na cidade ou confiado naqueles distribuídos nos hotéis, mesmo que luxuosíssimos. Às vezes se trata de uma questão de química, e mesmo um produto muito caro pode não combinar com o seu cabelo. Pode-se confiar no sabonete do hotel, contudo o produto deve constar na bagagem se a hospedagem for em albergues da juventude ou casa alugada. Nem é preciso acrescentar na lista maquiagem, brincos e acessórios que já fazem parte do seu dia-a-dia.

DETALHE PARA AS MULHERES

Se você vai menstruar durante a viagem, não se esqueça de levar os absorventes com os quais está acostumada. Se comprar uma marca que não conhece, correrá o risco de sentir-se desconfortável (incomodada ficava a sua avó), passará vexame de vazamento e/ou desperdiçará uma fortuna em euros ou dólares com tão simples artigo. Não se esqueça dos absorventes internos se houver possibilidade de freqüentar piscina ou praia.

QUANDO PREPARAR AS MALAS

Com tantos preparativos na semana do casamento ainda existe este compromisso: fazer as malas da lua-de-mel. A tarefa não pode ficar para o dia do casamento – muito menos para depois da cerimônia. Arrumar tudo na véspera também é meio arriscado. Com certeza você não vai lembrar, no meio dos convidados ou enquanto diz "sim" ao padre, que se esqueceu de colocar aquele casaquinho que a deixa maravilhosa. E, se isso acontecer, não poderá sair correndo para resolver o problema.

Arrume a mala com, pelo menos, uns dois ou três dias de antecedência para ter tempo de levar as coisas que são lembradas a cada minuto. Não inicie a empreitada com muita antecedência, como uma semana ou mais: cada vez que quiser usar algo que está na bagagem, será obrigada a tirar tudo do lugar. Além disso, ao longo de muitos dias, você vai se lembrar de diversas coisas que não podem ficar para trás e sua mala pode se transformar em três.

CHECK-LIST

O conteúdo de uma mala varia muito de pessoa para pessoa e tem relação direta com a sua personalidade. Mas aqui vai um lembrete rápido de alguns itens que não podem faltar:

ITENS MUITO PROTEGIDOS

(talvez em uma pochete de tecido dentro da roupa)

- Carteira de identidade ou passaporte
- *Voucher* dos hotéis, dos passeios, do aluguel de carro etc.
- Passagem aérea (se não for *e-ticket*)
- Documentos do carro
- Carteira de motorista (se for guiar)
- Cartão de crédito (com respectivo telefone de emergência em caso de perda ou roubo)
- Cheques de viagem (e códigos anotados em papel guardado em local diferente)

ROUPAS BÁSICAS

- Calcinha
- Cueca
- Meias
- Calçados
- Camisetas
- Calças, saias ou vestidos
- Pijamas, camisolas

NO VERÃO

- Shorts
- Bermudas
- Biquíni
- Maiô
- Canga
- Chinelos
- Sandálias

- Óculos de sol
- Chapéu ou boné
- Protetor solar

NO INVERNO

- Malha
- Casaco quente e/ou sobretudo
- Cachecol
- Luvas
- Gorro

HIGIENE

- Sabonete
- Xampu
- Condicionador
- Pente
- Escova
- Secador portátil
- Escova e creme dental
- Fio dental
- Aparelho de barbear
- Hidratante
- Cortador e lixa de unha
- Desodorante
- Estojo de maquiagem
- Perfume
- Absorventes
- Lentes de contato, soro fisiológico e estojo
- Preservativo ou pílulas anticoncepcionais

OUTROS

- Máquina fotográfica
- Filme
- Carregador de bateria (se for digital)
- Adaptador de tomada (em viagem internacional)

BAGAGEM EXTRAVIADA

Você arrumou tudo do jeito que quis, conseguiu enfiar as roupas preferidas para impressionar o(a) companheiro(a), mas, ao resgatar seu baú do tesouro na esteira do aeroporto após o desembarque, ele não está ali. Todos os seus companheiros de vôo já pegaram seus pertences, a esteira continua girando, porém nada sobrou. Quem tem a bagagem extraviada não deve sair do aeroporto sem reclamar o problema para um funcionário da companhia aérea nem deixar de preencher todos os papéis necessários para requerê-la de volta. Ela pode ter ido parar do outro lado do mundo, não ter embarcado ou ter sido pega por engano por outro passageiro por ter fortes semelhanças com a dele. Bom, para evitar esse último caso, tente personalizar bem a mala. Cole um adesivo bem bonito, pinte com listras fosforescentes, enfim, a criatividade conta nessa hora. Ornar as primeiras malas da vida em conjunto antes do embarque pode se tornar uma terapia romântica.

Já nos outros dois primeiros casos a culpa geralmente é da companhia aérea. Se o passageiro não está na cidade onde habita, a empresa normalmente assume a falha e fornece determinada quantia para o cliente se vestir. Isto não significa que você vai reformar seu guarda-roupa, mas, se gosta de umas comprinhas, pense que o extravio da mala pode vir a calhar. Já quem odeia a idéia de freqüentar butiques logo na chegada e prefere garantir um vestuário básico no início do passeio, deve se prevenir guardando uma muda de roupa na bagagem de mão. Para não ter de usar a cueca do marido logo na noite de núpcias, alternativa nem um pouco romântica, misture as roupas de ambos nas duas malas em vez de fazer uma exclusivamente para cada um. O esquema já se torna a primeira experiência de literal junção de trapinhos.

Voltando à bagagem de mão, ela deve conter aqueles itens básicos, sem os quais você não se sente um ser: soro fisiológico para lentes de contato, batom, óculos escuros etc. Escovas e creme dental também devem constar na bagagem de mão, mesmo para quem viaja de avião, pois nem todas as companhias aéreas distribuem os acessórios hoje em dia. Assim se evita um beijo constrangido por causa de pequeno mau hálito.

9 COMO CHEGAR AO PARAÍSO

Ainda não foi inventada uma máquina capaz de desmaterializar o corpo humano para depois fazê-lo aparecer novamente em outro lugar em questão de segundos. Isto significa que você e seu amado não acordarão no destino de sonhos logo após o casamento sem ter de enfrentar um deslocamento de avião, carro, ônibus, trem ou navio. Tal processo muitas vezes pode parecer desagradável, mas, com alguns cuidados, a grande interação romântica já acontece a caminho do destino.

AVIÃO

Os cuidados com esse tipo de viagem começam antes mesmo de sair de casa, no ato da reserva, por telefone, internet ou agência de turismo. Para não correr o risco de iniciar a viagem romântica separada do seu amor, escolha as poltronas do avião no ato da reserva.

Muita gente acha neurose essa história de chegar ao aeroporto com horas de antecedência e não tem paciência de perder tempo de espera na sala de embarque. No entanto, não vale a pena correr o risco de perder o vôo justamente na tão esperada viagem. As companhias aéreas recomendam a chegada ao aeroporto pelo menos três horas antes do horário do vôo para viagens internacionais e uma hora e meia antes das nacionais.

Uma razão é a possibilidade de os passageiros ficarem fora do vôo por falta de lugar, pois muitas companhias aéreas praticam o *overbooking* (reservam mais lugares do que comporta o avião), por causa das comuns desistências de última hora dos passageiros. O problema se acentua na alta temporada (férias escolares de julho e de janeiro). Quando isso acontece, as empresas oferecem compensações, como hotel gratuito e *upgrade* em outro vôo, porém os passageiros correm o risco de perder programas já agendados e pagos, como cruzeiros marítimos, e nem sempre têm a possibilidade de recuperar os dias perdidos nos destinos de sonhos por compromissos assumidos na volta, como o trabalho. Isto significa que, na prática, os recém-casados podem perder um ou mais dias da lua-de-mel, principalmente se escolheram destinos com poucos vôos a partir do Brasil.

Além disso, o passageiro precisa de tempo para fazer várias coisas antes de embarcar: fazer o *check-in* (pegar o cartão de embarque, que dá acesso ao avião, e despachar a bagagem), no qual enfrenta filas quilométricas na alta temporada; passar pela imigração para apresentar o passaporte em caso de viagens internacionais (procedimento geralmente muito tranqüilo, salvo se a Polícia Federal estiver em greve ou em operação tartaruga, o que não tem sido raro ultimamente); e registrar câmeras e/ou filmadoras importadas na Polícia Federal para, na volta, provar que não comprou o aparelho no exterior. Essa declaração é obrigatória. O limite de gastos do brasileiro fora do país é de US$ 500 em viagens aéreas e US$ 300 nas terrestres, lacustres ou fluviais. Quem desembolsa mais que isso precisa pagar um imposto que pode encarecer muito os produtos adquiridos lá fora, mesmo que a princípio tenham parecido uma pechincha – fenômeno difícil em tempos de real desvalorizado.

Resolvidos todos esses problemas, os passageiros já devem estar na sala de embarque cerca de meia hora antes do vôo. Sim, pois o horário marcado na passagem aérea indica o horário exato em que o avião deve decolar. Antes disso, todos os viajantes já devem ter entrado dentro do avião, guardado sua bagagem de mão e se acomodado nas poltronas. Tudo isso demora, ainda mais quando o avião tem capacidade para mais de cem pessoas. Quem odeia filas não precisa se postar atrás dos futuros colegas de vôo segurando sua bagagem de mão, às vezes pesada, logo que a funcionária da companhia aérea convida os passageiros a entrar na aeronave. Sempre consta o lugar do avião marcado no cartão de embarque. Ninguém vai deixá-lo para trás se você continuar sentado esperando todo mundo entrar e levantar apenas quando a fila estiver reduzida a uma ou duas pessoas.

Já no avião, as poltronas da classe econômica não oferecem muito conforto. Custam muito menos que as da executiva e da primeira classe, que são mais espaçosas. Quem marca a viagem para a baixa temporada tem mais chance de viajar rodeado de poltronas vazias, deitar e tirar uma soneca durante o vôo. Porém, a diferença de preço entre classe executiva e econômica não tem sido tão grande assim nos vôos *charter*, oferecidos por algumas grandes operadoras de turismo. Nesse caso o serviço de bordo (o cardápio das refeições) é o mesmo para o avião inteiro. Então os pombinhos não poderão fazer um brinde com champanhe em pleno ar nas categorias mais caras, mas terão muito mais conforto em poltronas largas, que reclinam bem, possibilitando uma noite de sono tranqüila.

Depoimento da autora

Viajei para a lua-de-mel em janeiro, época de férias, porque meu marido é professor. Saímos do Brasil sem o vôo da volta confirmado. Como ele estava lotado, ficamos na lista de espera. Até quatro dias antes do embarque, não saímos dessa condição. Começamos a ficar preocupados porque nosso dinheiro estava acabando e tínhamos compromisso de trabalho. Explicamos o problema para a funcionária da companhia aérea e perguntamos se não daria para transferir nosso bilhete para outra empresa que também voasse para o Brasil e tivesse vagas no vôo. Ela foi muito simpática e concordou, e conseguimos chegar no prazo previsto.

Em Cuba, numa viagem realizada alguns anos antes, a coisa foi bem diferente. O vôo de volta chegaria a São Paulo no domingo de manhã, portanto com tempo para descanso. Mas a aeronave decolou com 12 horas de atraso por problemas de manutenção. Esse tempo virou uma extensão da nossa pré-lua-de-mel. A empresa pagou algumas horas num hotel de luxo enquanto consertava o avião e nós adoramos o "presente".

CARRO

Pegar a estrada com rumo e prazo certos, mas sem definir previamente todas as paradas, pode virar uma deliciosa descoberta a dois. Os recém-casados resolvem na hora onde e por quanto tempo vão parar e têm privacidade garantida mesmo durante o transporte, o que não acontece no avião, no ônibus ou no trem. Vários roteiros se prestam a essa aventura, como mostramos a seguir.

Escolhido o itinerário, motorista e passageiro devem circular sempre com um mapa à mão, se possível que detalhe a quilometragem da estrada, indique postos de gasolina e pedágios. Aliás, é preciso sempre ter algum dinheiro por perto para esse fim, despesa hoje em dia bem possível de calcular via internet, pois os *sites* das concessionárias que administram as estradas informam preço e localização de cada um. O *site* www.estradas.com.br detalha todos os pedágios existentes no Brasil.

Por mais que se queira descobrir recantos escondidos, é prudente pesquisar sobre cidades, povoados e/ou praias do caminho e fazer um pré-roteiro de paradas, mesmo sabendo que ele pode ser alterado a qualquer maravilhosa novidade.

ROTEIROS DE CARRO QUE VALEM A VIAGEM

BRASIL

- Estrada Rio–Santos
- Estradas que margeiam o litoral do Nordeste, do Rio e de Santa Catarina
- BR-485, de Petrópolis a Teresópolis (RJ)
- Serra do Rio do Rastro, em Bom Jardim da Serra (SC)
- Transpantaneira, de Poconé a Porto Jofre (MT)
- Coluna Prestes (TO-050), de Palmas a Arraias (TO)
- Estrada da Graciosa, da BR-116 a Morretes (PR)
- Serra Gaúcha, de Porto Alegre a Caxias do Sul

EXTERIOR

- Rota Jardim (África do Sul)
- Costa Amalfitana (Itália)

- Costa da Califórnia (EUA)
- Lagos Andinos (Chile)
- Rota Romântica (Alemanha)
- Vale do Loire (França)
- Serra da Estrela (Portugal)
- Costa Brava (Espanha)
- Côte d'Azur (França)
- Baixa Califórnia (México)
- Great Ocean Road (Austrália)

QUEM GUIA?

Lembre-se de que se trata da lua-de-mel, momento de curtição e sem estresse. Por isso o menor sinal de cansaço serve como alerta para uma pausa. Tente ainda não esperar a fome se manifestar para procurar um restaurante. A divisão do casal no volante não deve sobrecarregar apenas um e, nesse caso, os enamorados dividem até o cansaço. A distribuição das tarefas não precisa ser medida em quilometragens iguais, pois quem tem mais experiência e disposição no volante certamente proporciona maior segurança a ambos, principalmente em trechos da estrada mais perigosos.

Mas não vale a pena querer demonstrar tanto cavalheirismo e depois concluir as férias idílicas em camas separadas de hospital. Esse fim pode atingir motoristas que tenham ingerido álcool em demasia antes de guiar, e aí está um dos momentos em que a direção deve passar para o outro, aquele que bebeu menos. Ou, caso nenhum dos dois esteja em condições de dirigir, a solução é procurar um hotelzinho por perto para descansar, se amar e depois seguir viagem. Além disso, a rigorosa legislação de muitos países não permite uma segunda chance para quem é reprovado no teste do bafômetro. E o casal nunca vai se esquecer se passar alguns – ou vários – momentos da lua-de-mel na cela de uma cadeia.

DIRIGIR NO EXTERIOR

Países cujos motoristas ficam na mão inglesa, isto é, do lado direito do carro, exigem cuidado redobrado, pois mudam todos os sentidos de direção, não só a posição no carro. O motorista acha que sempre está na contramão, vira o carro para o lado errado sem querer e estaciona na calçada contrária à correta. A direção se inverte no Reino Unido, na África do Sul, na Austrália, na Nova Zelândia, no Japão e na Índia.

Em geral, os guardas de trânsito aceitam as carteiras de motorista brasileiras, mesmo que não entendam o que ali está escrito e possam confundi-la com a carteirinha da locadora de vídeo. Mas os turistas que preferem não correr nenhum tipo de risco podem traduzi-la para o inglês num serviço realizado pela Touring Club do Brasil. Não se trata de nada oficial, apenas de uma tradução, mas mesmo assim o documento ganha a alcunha de carteira de motorista internacional.

Muitas vezes vale mais a pena alugar o carro no exterior antes de sair do país, e ficam ainda mais em conta os pacotes *fly and drive* (voe e guie) oferecidos por várias agências, em que já vêm incluídos a passagem aérea, o aluguel do veículo e a hospedagem. Seja qual for a opção escolhida, é preciso ficar atento ao contrato e ao que está incluído no valor do aluguel: tipo de seguro (contra roubo, colisão, indenização a terceiros) e limite de quilômetros percorridos. Isso às vezes pode encarecer bem a tarifa.

No entanto, antes de optar pela locação, faça as contas para ver se realmente vale a pena. Nas cidades em que o transporte público funciona bem, os turistas terão transtorno para procurar vaga para estacionar o carro. Em outros lugares, não custa fazer uma pequena conta para ver se o táxi sai mais barato e verificar se a cidade tem todas as facilidades para bicicleta, como ciclovias e estacionamentos especiais, caso de Amsterdã e Zurique. Nesses locais o aluguel da magrela é bem acessível.

ÔNIBUS

Pouco romântico, mas muito econômico, o ônibus é aconselhável para destinos mais próximos, pois pode frustrar qualquer tentativa de romance um itinerário de mais de 20 horas pelas esburacadas estradas brasileiras, com paradas de duas em duas horas em postos muitas vezes carentes de asseio. O relato nada animador, porém, não vale para viagens de até oito horas, principalmente em ônibus-leito e noturno, se o passageiro não tiver dificuldades para dormir. Hoje em dia muitas viações dispõem de serviço de filmes e vendem as passagens pela internet, via cartão de crédito. Com esse esquema o comprador só pega o bilhete alguns minutos antes do embarque, apresentando o comprovante impresso da compra. Os pacotes vendidos por agências de turismo em algumas ocasiões dão direito até a um lanchinho a bordo. Quer dizer, com tantos privilégios, às vezes compensa enfrentar a rodoviária para se deslocar confortavelmente ao lado do companheiro sem aquela preocupação constante de prestar atenção nos perigos da estrada. Em vez de focar nas placas de trânsito e nos outros automóveis na pista, o recém-casado tem a oportunidade de admirar a amada e namorar o trajeto inteiro sem necessidade de desviar o olhar.

TREM

A visão romântica de encontros e despedidas nas estações de trem, no Brasil, quase só têm lugar nas telas de cinema, nos seriados de TV estrangeiros e nas músicas. Meio de transporte pouco popular por essas bandas, o trem circula até por entre povoados poucos conhecidos dos territórios europeu e norte-americano, e tem a vantagem, em relação ao carro, de não obrigar os viajantes a prestar atenção no trânsito e em placas, deixando-os mais livres para apreciar a paisagem, namorar, e até, se a bagagem estiver ao alcance, descer de repente para apreciar o belo cenário visto pelos vidros e verificar se corresponde à realidade.

Os percursos e itinerários, como acontece com quem viaja de carro, também pode se modificar ao gosto do freguês, a partir de conversas com outros passageiros, informações adicionais de guias, observação de um povoado amigável ou qualquer outro motivo. Isso acontece com freqüência com quem utiliza passes que dão direito a viagens ilimitadas. Fazer do meio de transporte alternativa de hospedagem também barateia a viagem. Muitos dos comboios europeus estão providos de restaurantes a bordo e vagões-dormitórios.

Famoso entre endinheirados, o centenário Venice Simplon Orient-Express agrada àqueles que consideram elegância e *glamour* sinônimo de romantismo. Seus vagões-restaurantes oferecem refeições requintadas, muitas vezes à luz de velas, e os trajes formais dos passageiros exigem malas do tamanho de baús, como no passado. A elegância do trem o transformou em cenário de um dos crimes narrados pela escritora de suspense Agatha Christie. Muitos associam a viagem a um baile de gala em movimento e não abrem mão do *smoking* ou do vestido longo. Também românticos, os trajetos incluem cidades como Veneza, Praga, Paris, Londres e Roma.

Na mesma linha luxuosa, o sul-africano Blue Train tem suítes com piso adornado de ouro e mármore italiano, e jantares formais. As rotas: Cidade do Cabo–Pretória, Pretória–Hoedspruit, com safári no Parque Nacional Kruger, Cidade do Cabo–Port Elizabeth (com visita a fazendas de avestruz) e Pretória–Victoria Falls.

Já o Brasil oferece poucas alternativas para o passageiro participar da brincadeira. A maioria consiste apenas em pequenos trechos de poucos quilômetros, e não em uma viagem. Entre eles os trajetos São João del Rei–Tiradentes, numa maria-fumaça antiga que circula por um caminho salpicado de paisagens bucólicas; Curitiba–Morretes, numa ferrovia que se embrenha pela Serra do Mar; Campinas–Jaguariúna, cujos guias contam a história da região; São Lourenço–Soledade de Minas, com animados violeiros e atores; Bento Gonçalves–Carlos Barbosa, recheado de música e vinho e, na Estrada de Ferro Amapá, Santana–Serra do Navio, em meio à floresta amazônica.

NAVIO

A história de amor entre Jack e Rose em *Titanic* inspira muitos apaixonados a embarcar num sonho sobre o mar, com a diferença de que vários gigantes têm eximido os passageiros da pompa de outrora, sem obrigá-los a reformar o guarda-roupa antes do embarque. Os navios também estão mais acessíveis, pois oferecem roteiros mais curtos e, conseqüentemente, mais baratos, embora a moeda corrente seja o dólar, mesmo em águas nacionais.

A temporada brasileira de cruzeiros dura apenas um verão. Os primeiros navios chegam ao país no fim de novembro, início de dezembro, e a maioria parte em março ou, no mais tardar, em abril. Santos, Rio, Fortaleza, Salvador, Fernando de Noronha, Búzios e Porto Belo estão entre as paragens dos transatlânticos.

Longe de ser um programa de velhinhos, eles abrigam festas a bordo, atividades o dia inteiro para todos os estilos e estão equipados com boate, piano-bar, cassino, biblioteca, piscinas e espaços para atividades esportivas. O gigantismo do navio garante espaço para todas as tribos, inclusive para os apaixonados.

Hoje em dia muitos possuem cabines com varandas, aproximando ainda mais o viajante do mar e às vezes permitindo que ele tome sol mais à vontade. Vale a pena conferir qual escolher no ato da reserva, porque as mais baratas geralmente são tão apertadas que só cabe um beliche – o que de jeito nenhum combina com um passeio romântico. As grudadas no deque tiram a privacidade do hóspede. O tipo de janela varia muito com o preço; em alguns casos não passa de uma simples escotilha.

O esquema das refeições varia de navio para navio. Alguns determinam mesas, horários e companheiros no ato do embarque. Eles valem para todas as noites – quer dizer, todos os dias, mas no almoço muita gente acaba comendo nos restaurantes informais localizados à beira da piscina. Dividir a mesa com estranhos pode parece algo avesso à lua-de-mel, mas acaba sendo divertido, pela oportunidade de conhecer gente nova, inclusive outros casais em início de casamento. Em alguns navios, quem quiser se desgarrar do grupo por uma ou outra refeição tem a alternativa de pagar uma taxa de reserva para comer num restaurante mais intimista. E há as embarcações que liberam as refeições para qualquer horário, mesa ou restaurante.

A oportunidade de conhecer um pouquinho de cada porto sem ter de fazer e desfazer malas também é outro argumento usado pelos amantes dessa modalidade de viagem. Contudo, trata-se apenas de uma amostra de cada local, pois normalmente a embarcação não passa mais de um dia em cada porto. O suficiente para dar um gostinho na boca e eventualmente ter subsídios para programar outra viagem com mais tempo para dissecar aquele destino.

Cada vez mais cenário de eventos e festas, os navios também têm abrigado casamentos e as respectivas recepções recheadas de coquetéis e/ou lautas refeições, características dos transatlânticos, que costumam ser apelidados de "*spa* ao contrário" de tanto que se come. As passagens incluem cinco refeições diárias. Muita gente compara o navio a *resorts* flutuantes, mais pela programação variada de que ambos dispõem. Mas, como as grandes embarcações surgiram antes dos *resorts*, será que o certo não seria dizer que estes são transatlânticos em terra firme?

Antes de escolher em qual navio embarcar, é preciso levar em conta vários aspectos: preço, roteiro, estilo, atividades recreativas, língua oficial a bordo etc.

Entre os que costumam visitar o Brasil, o Island Escape é o mais descontraído. Não exige terno e gravata, nem abriga a tradicional noite do capitão, cujo traje costuma ser formal. Os jovens adoram. As pessoas mais clássicas consideram uma bagunça.

Bem familiar entre os brasileiros, a Costa Cruzeiros é a mais antiga armadora a aportar desse lado do Atlântico. Sua tripulação é italiana, mas muitos membros do *staff* falam português. Eles organizam atividades animadas, e prezam a noite do comandante, geralmente a primeira do cruzeiro.

Considerados mais formais, os navios da MSC Cruzeiros também têm ganhado espaço no Brasil. Seus passageiros elogiam muito o serviço e as atividades a bordo. Também na linha clássica e discreta está o Blue Dream, que tem sido fretado pela CVC.

O tamanho da embarcação pode interferir na escolha. Muita gente acaba se perdendo nas embarcações gigantescas. O passageiro paga por uma grande gama de serviços, mas nem terá tempo de usufruir tudo. O Queen Mary 2, considerado o maior navio do mundo até 2005, tem números impressionantes: 151.400 toneladas, 345 metros de comprimento e custou US$ 800 milhões. São dez restaurantes, 14 bares e até um planetário com capacidade para 473 pessoas! Tudo com muito luxo. Detalhe importante: ele ainda separa os passageiros por classes sociais, como fazia o naufragado *Titanic*.

No contraponto, há embarcações mais intimistas que se assemelham a um grande iate. O clima é mais acolhedor e a quantidade de gente, menor. Digamos que, em vez de entrar numa cidade flutuante, você entra num bairro sobre águas.

A escolha do navio depende do cenário por onde ele singra. Fora do Brasil, os cruzeiristas gostam principalmente de circular pelo Mediterrâneo, Caribe, Patagônia. Arquipélagos também agradam a esse tipo de turista. As embarcações navegam por entre diversas ilhas e permitem que os passageiros conheçam várias delas sem fazer e desfazer malas, nem ter de pagar táxi, *ferryboat* ou bilhete aéreo. Nesse contexto, as ilhas gregas e a Polinésia francesa estão entre as preferidas dos recém-casados.

Existem diversos cruzeiros fluviais pelo mundo. O próprio rio Amazonas é cenário dessa modalidade, porém é mais procurado por estrangeiros. O Nilo, o Volga e o Danúbio recebem esses nobres visitantes, bem como os canais da França, incluindo os da região do Vale do Loire, com seus imponentes castelos do outro lado da escotilha.

A paisagem da Patagônia e da Terra do Fogo é diferenciada. Glaciares com diferentes tons de azul, colônias de pingüins e rabos de baleia desfilam do outro lado do convés.

10
O NINHO DOS POMBINHOS

Até um quarto de pensão pode ser romântico aos casais enamorados, mas vale a pena investir numa atmosfera favorável para tornar ainda mais inesquecíveis as primeiras noites da vida de casados, que hoje, como já se disse, não coincidem com as primeiras noites de amor. Não significa necessariamente reservar estabelecimentos muito caros ou apenas aqueles exclusivos para casais. Até no interior de São Paulo muitas pousadas têm um detalhe ou outro capaz de unir fisicamente ainda mais os amantes, como lareira no chalé, banheira de hidromassagem rodeada de vidros com insulfilm com vista para a serra, piscinas privativas.

O Taiti, por exemplo, é sinônimo de caríssimos bangalôs de chão de vidro espetados sobre o mar transparente, porém os casais com orçamento apertado não se amarão menos se descobrirem juntos pousadinhas simples e escondidas na natureza com cenário inigualável em ilhas menos badaladas que Bora Bora, como Moorea. Lembre-se de que o pintor francês Paul Gauguin amou e concebeu diversos rebentos com as nativas do arquipélago numa época em que os *resorts* não existiam nem nos sonhos dos empresários hoteleiros. A dica de saracotear em busca dos ninhos de amor vale para qualquer outro lugar do mundo, desde que o casal esteja preparado para se decepcionar com um ou outro quarto. Mais uma vez, a internet e as agências de viagens podem ajudar nessa busca.

Pelo menos a primeira noite deve ser reservada do Brasil. Chegar a um destino estranho após uma longa viagem e ainda procurar onde dormir pode ser prejudicial a qualquer clima de paixão.

Já quem prefere correr menos riscos deve fazer todas as reservas antes de embarcar. Mesmo nesse caso a foto da suíte na internet pode ter sido maquiada e as promessas do agente de viagens talvez não se confirmem. Nesse caso, use a criatividade para arrefecer os ânimos, passe no supermercado e compre uma garrafa de espumante para se animar um pouco, coloque uma roupa mais *sexy* para esquentar o clima.

Alguns itens afrodisíacos, aliás, já estão embutidos nos pacotes dos hotéis especialmente voltados para casais em lua-de-mel. Champanhe, flores no quarto, banho de pétalas de rosas, ervas aromáticas estão entre os possíveis mimos garantidos para esse público (veja Mimos dos Hotéis na pág.146). Alguns estabelecimentos exigem a cópia do convite de casamento ou até dos proclamas do enlace civil como prova de que o casal é digno das regalias. Outros oferecem comemorações especiais, como aniversário de casamento ou para quem deseja pagar por elas, ainda que nem tenha contraído núpcias.

Ah, uma exigência imprescindível é a cama de casal. Pode parecer óbvio, mas muitos casais deparam com duas camas de solteiro ao adentrar no ninho de amor. Mesmo que elas estejam juntinhas, dependendo do formato, criam um buraco no meio para o qual um dos cônjuges sempre acaba indo parar no meio da madrugada. Por isso, os agentes de viagem, ao fazer a reserva, devem insistir que se trata de casal em lua-de-mel. Agora, se mesmo com tanta insistência isso acabar acontecendo, coloque um cobertor bem dobrado no vão para melhorar o conforto.

Depoimento da autora

"Quando fomos para Los Cabos, no México, meu marido e eu reservamos, pela internet, um bed e breakfast *que parecia lindo pelas fotos. Mas o site não dizia como era o acesso para chegar lá. Com a recusa dos táxis e das vans do aeroporto em nos levar lá, tivemos de alugar um carro para enfrentar quase uma hora de viagem por uma estrada de terra toda esburacada. O b & b ficava à beira-mar, próximo a uma paisagem de muitos cactos. Porém, tal isolamento era perfeito para um casal em segunda lua-de-mel. Sem querer, tínhamos acertado, apesar da dificuldade da chegada."*

COMO
É CAMA DE CASAL EM...

Alemão	Doppelbett	*[dôpeubet]*
Chinês	Shuan ren chuang	*[suã ren suã]*
Espanhol	Cama de matrimonio	*[cama de matrimonio]*
Francês	Lit double	*[lí dãble]*
Grego	Diplo krevati	*[diplô crevati]*
Hebraico	Mitá zuguit	*[mitá zuguit]*
Holandês	Tweepersoonsbed	*[tvêi persôunsbet]*
Inglês	Double bed	*[dãbou bed]*
Italiano	Letto matrimoniale	*[leto matrimoniale]*
Japonês	Daburu-beddo	*[daburu bêdo]*

TIPOS DE HOSPEDAGEM

O orçamento é o primeiro critério para a escolha do tipo de hospedagem, cujas opções variam de albergues da juventude a *resorts* luxuosíssimos. Bastante econômicos, os albergues da juventude normalmente são associados a enormes quartos repletos de beliches. Sim, esses dormitórios existem, com tarifa mais barata, mas vários estabelecimentos dispõem de quarto de casal muito bem-arrumados. A vantagem é que, para credenciar-se como membro da Hostelling International, a rede mundial dos albergues, o estabelecimento precisa passar por um criterioso processo de seleção e preencher pré-requisitos mínimos. Apesar do nome, geralmente aceitam hóspedes de todas as idades.

No campo intermediário, ficam as pousadas intimistas, que nem sempre são baratas, e hotéis antigamente classificados como três estrelas. Para os mais abonados, há os hotéis luxuosos, estilo cinco estrelas. Nem sempre os *resorts* são tão caros, com preços que variam muito de acordo com o destino e o estilo. Os *all-inclusive* (tudo incluído), muito comuns no Caribe e agora começando a se consolidar no Brasil, às vezes acabam tendo um bom custo-benefício se comparados àqueles cujas diárias só incluem café da manhã ou meia pensão (café mais uma refeição, que pode ser almoço ou jantar). Nos *all-inclusive*, o viajante pode comer e beber à vontade, mesmo que sinta fome no meio da tarde, com direito a embebedar-se (embora o cônjuge não considere uma boa idéia). Trata-se de uma boa alternativa principalmente para pessoas com dificuldade de planejar gastos ou consumistas compulsivos. Eles quase nunca precisam colocar a mão na carteira nesses lugares. Quase, porque existem gastos extras não incluídos no sistema *all-inclusive*, como lavanderia, ligações telefônicas e tratamentos do *spa*.

COMO

É TEM QUARTO VAGO PARA CASAL? EM...

ALEMÃO	Haben sie ein Doppelzimmer?	[rabenzí ain dopeltsima?]
ESPANHOL	¿Hay vacantes para pareja?	[ai vacantes para parerra?]
FRANCÊS	Vous avez une chambre pour un couple?	[vusavê üne chambre pur am cuple?]
GREGO	Mipos exete ena diklino?	[mipos ehete ena diclino?]
HEBRAICO	Yesh cheder panuy?	[iéch jeder panui?]
HOLANDÊS	Is er een tweepersoonskamer?	[is er êin tvê persounscamer?]
INGLÊS	Do you have a room for a couple?	[duiú réve a rum for a cãpou?]
ITALIANO	C'è una camera doppia?	[tché una câmera dopia?]
JAPONÊS	Daburu-ruumu arimasuka?	[daburu ruumu arimasucá?]

HOTÉIS ROMÂNTICOS

Veja, a seguir, alguns hotéis e redes hoteleiras que favorecem o romantismo. Com certeza trata-se de uma lista incompleta, pois as opções são praticamente infinitas e sempre é possível criar um ar romântico com os próprios tributos quando se está apaixonado.

Para uma idéia dos preços médios mínimos de diárias por casal, foram usadas as seguintes categorias (os valores podem mudar de faixa na alta temporada):

$: ATÉ R$ 200

$$: DE R$ 201 A R$ 400

$$$: ACIMA DE R$ 400

NORDESTE

Refúgio Ecológico Ilha do Caju $

Ilha do Caju-MA, (86) 321-1179

www.ilhadocaju.com.br

Em meio a dunas, mangues e matas, o estabelecimento tem uma casa de fazenda de mais de 150 anos e não aceita crianças. A reserva particular tem praias virgens e uma grande diversidade de aves.

Ritz Lagoa da Anta $$

Maceió-AL, (82) 2121-4000

www.ritzmaceio.com.br

Tem um andar inteiro com decoração inspirada em Bali. O Lê Spa oferece banhos aromáticos, massagem relaxante e sauna.

Pestana Bahia Hotel $$

Salvador-BA, 0800-266332

www.pestana.com

Possui suítes com temas oriental, indiano ou romântico, com bela vista para a orla. O hotel foi construído sobre rochas.

Kiaroa $$$

Península de Maraú-BA, (71) 3272-1320

www.kiaroa.com.br

Com gastronomia refinada, fica de frente para uma praia deserta. Tem bangalôs inspirados no Taiti, embora não fiquem sobre o mar. Cada um tem piscina privativa e decoração própria. O *resort* celebra até cerimônias de casamento inspiradas no estilo polinésio. Tem jeito de rústico, mas o preço e o conforto mostram que o luxo é a sua marca. Aliás, a pista de pouso de aviões exclusiva exime o hóspede de enfrentar o acesso complicado à península. Não aceita menores de 14 anos.

Pousada do Outeiro $$

Praia do Espelho (entre Caraíva e Trancoso), (11) 3049-8245

www.pousadadoouteiro.com.br

Localizada na pouco explorada praia do Espelho, a pousada tem apenas 12 apartamentos e fica dentro de um condomínio, o Outeiro das Brisas, que tem restaurantes com culinária internacional e baiana.

Nannai $$$

Porto de Galinhas-PE, (81) 3552-0100

www.nannai.com.br

Os bangalôs inspirados no Taiti têm piscina privativa ou hidromassagem e vista para o mar. O *resort* está rodeado de coqueiros e mata atlântica e, como o Kiaroa, é um dos mais procurados atualmente por casais em lua-de-mel.

Shangri-La $

Serra Negra, (19) 3892-3765

www.shangrila.com.br

O hóspede aprecia a bela paisagem do vale da Lua Azul até de dentro da banheira de hidromassagem – envolta por vidros com insulfilm – instalada nas suítes com decoração temática, como a africana e a árabe. Os hóspedes acomodados nos chalés sem banheira podem relaxar na piscina aquecida ao lado da sauna.

Pousada Figueira Grande $

Piracaia, (11) 4597-1665

www.figueiragrande.hpg.ig.com.br

Afastada da cidade, a pousada rural com vista para a represa de Piracaia dispõe de chalés dotados de lareira e afastados da casa principal, proporcionando intimidade ao casal.

Canada Lodge $

Campos do Jordão, (12) 3663-6640

www.canadalodge.com.br

Com elevador panorâmico, 300 DVDs que podem ser assistidos no quarto e piso aquecido no banheiro de algumas suítes, a pousada tem decoração canadense e *brunch* até o meio-dia para os preguiçosos.

Villa Rossa $$$

São Roque, (11) 4713-5560

www.villarossa.com.br

Espécie de chalés, os *lofts*, separados do centro nervoso do hotel, têm piscina privativa, lareira, dois banheiros, pé-direito alto e ausência de paredes, conferindo privacidade.

Pousada do Cedro $$

Santo Antônio do Pinhal, (12) 3666-1873

www.pousadadocedro.com.br

Na Serra da Mantiqueira, está rodeada de animais silvestres. O hóspede se aloja em espaçosos *lofts* dotados de janelas envidraçadas e deque particular com vista para montanha. Não aceita clientes com menos de 12 anos nem animais.

Vale dos Veados $$

São José do Barreiro, (12) 3117-1192

www.hoteisdabocaina.com.br

Sem luz elétrica, a pousada na Serra da Bocaina aproxima ainda mais os amantes em ambientes iluminados por tochas ou lampiões. Os hóspedes podem reservar na recepção caminhadas pela região e passeios a cavalo. Não aceita hóspedes menores de 12 anos.

Maison Joly $$$

Ilhabela, (12) 3896-1201

www.maisonjoly.com.br

São apenas nove apartamentos, o que imprime um ar intimista à pousada. Artistas, mesmo amadores, têm material de pintura à disposição nos apartamentos. As massagens do *spa* podem ser feitas com vista para o canal de São Sebastião. O café da manhã é servido em qualquer horário. Não aceita crianças.

Pousada Piccolo Albergo $

São Sebastião, Maresias, (12) 3865-7598

www.piccoloalbergo.com.br

Fica no meio da mata atlântica, e alguns apartamentos têm churrasqueira privativa. Não aceita menores de 14 anos.

REGIÕES SERRANAS

São Gotardo $$

Itamonte-MG, (35) 3363-9000

www.hotelsaogotardo.com.br

Localizado na Serra da Mantiqueira, a 1.750 metros de altitude, o hotel oferece para os recém-casados, entre outros mimos, um piquenique romântico no Parque Nacional do Itatiaia. Tem gastronomia requintada, atividades esportivas e suítes com lareira, hidromassagem e deque privativo. Destaque para a carta de vinhos. Não aceita crianças.

Kuriwa Hotel $$$

Monte Verde-MG, (35) 3438-1959

www.kuriuwahotel.com.br

Da banheira de hidromassagem dupla, em quase todos os chalés, pode-se ver a Serra da Mantiqueira. Também há lareiras nas moradas e varandas, além de travesseiros e edredons de pluma de ganso. Um telão de cem polegadas oferece sessões de cinema. Não aceita crianças.

Nico on the Hill $$

Monte Verde-MG, (35) 3438-1730

www.monteverde.art.br/nico

Os hóspedes esbaldam-se numa banheira de hidromassagem aquecida localizada no meio do jardim, a céu aberto, e rodeada de velas, vinhos e taças. Cada casal reserva o seu momento de curtir a regalia a sós. O café da manhã é servido no quarto exatamente no horário requisitado pelos clientes, marcado em um reloginho de madeira pendurado na porta do chalé.

Tankamana $$$

Petrópolis-RJ, (24) 2222-9181

www.tankamana.com.br

As 16 cabanas de tronco de eucalipto e pedras têm lareira, deque panorâmico, velas perfumadas e decoração de flores frescas. Os comensais observam, sob os pés, vários peixinhos nadando através do chão de vidro do restaurante, construído em cima do lago.

Quinta dos Marques $$

Canela-RS, (54) 282-9812

www.quintadosmarques.com.br

Tem apenas 13 apartamentos e fica dentro de um bosque. É possível avistar a mata de dentro do ofurô, localizado no spa envidraçado. Os apartamentos, separados nos grupos "sabores", "aromas" e "olhares", são nomeados pelas características. Por exemplo, a suíte Céu tem teto solar em cima da cama.

Mauá Brasil $$

Visconde de Mauá-RJ, (24) 3387-2077

www.mauabrasil.com.br

Os nove chalés afastados uns dos outros têm banheira de hidromassagem dupla com vista panorâmica e lareira. A piscina e a sauna têm vista para a Serra da Mantiqueira. Não aceita menores de 14 anos nem animais.

Hotel Rosa dos Ventos $$

Teresópolis-RJ, (21) 2644-9900

www.hotelrosadosventos.com.br

Salão de *fondue*, adega, sauna e quatro restaurantes, sendo um para *fondue* e outro para queijos, vinhos e racletes. O hotel-fazenda com 1 milhão de metros quadrados fica bem afastado da cidade e faz parte da cadeia francesa Relais & Chateux.

AKASKAY $$

Nova Friburgo-RJ, (22) 2542-1163

www.akaskay.com

A diária inclui ioga nas manhãs de sábado, e os apartamentos possuem lareira elétrica. Silencioso, o hotel ainda tem pista de dança e hidromassagem aquecida ao ar livre. Um telão exibe *shows* e filmes. Os apartamentos são revestidos de cedro.

OUTRAS REGIÕES

PONTA DOS GANCHOS $$$

Governador Celso Ramos-SC, 0800-6433346

www.pontadosganchos.com.br

Com 15 bangalôs de pedra e madeira, com vista para o mar, serve café da manhã a qualquer hora do dia. Alguns apartamentos têm jacuzzi (banheira de hidromassagem) na varanda. Não aceita crianças.

SOLAR DO INGLÊS $

Chapada dos Guimarães-MT, (65) 301-1389

www.chapadadosguimaraes.com.br/solardoingles

Tem apenas seis apartamentos, o que confere um tom de exclusividade. O chá das cinco ao estilo inglês está incluído nas diárias. Não aceita crianças.

Pousada dos Inconfidentes $$$

Tiradentes-MG, (32) 3355-2135

www.pousadadosinconfidentes.com.br

Os hóspedes avistam a maria-fumaça fazendo o trajeto entre a cidade e São João del Rey. Alguns apartamentos têm lareira, varanda ou jardim privativo. A piscina muda de cor por causa da iluminação feita por fibra ótica. Não aceita crianças.

Pousada Pardieiro $$

Paraty-RJ, (24) 3371-1370

www.pousadapardieiro.com.br

Concebida com a junção de várias casas coloniais, essa pousada, que tem como um dos donos o ator Paulo Autran, ostenta um jardim com plantas tropicais. Os quartos são decorados com móveis coloniais. Não têm televisão, e oferecem outras opções de divertimento para casais entre quatro paredes. A pousada não aceita hóspedes com menos de 15 anos.

EXTERIOR

Aqui as categorias dos preços mudam:

$: até US$ 200

$$: de US$ 201 a US$ 400

$$$: de US$ 401 a US$ 600

$$$$: mais de US$ 600

CARIBE

Couples Resorts $$

Ocho Rios, Negril e Swept Away, 800-268-7537

www.couples.com

Como o próprio nome diz, as três unidades da rede se destinam apenas a casais, por isso voltam suas atividades e *spa* para esse público. Organiza casamentos.

Cotton House $$$$

Mustique, (11) 3286-0755; 0800-141819

www.cottonhouseresort.com

Fica na ilha particular de Mustique, banhada pelo Caribe de um lado e pelo Pacífico de outro. Algumas suítes têm varanda privativa e banheira de mármore. Entre as particularidades luxuosas, destaca-se um cardápio de travesseiros com uma dúzia de opções, incluindo um com formato de meia-lua e outro recheado de látex.

Parrot Cay $$

Turks & Caicos, (11) 3286-0755; 0800-141819

Os hóspedes deste *resort* têm uma ilha inteira à disposição. Todos os apartamentos têm varanda externa com chuveiro e espreguiçadeira. O estabelecimento dispõe ainda de dois restaurantes e organiza piqueniques privados na praia.

Hotel Guanahani $$$

Antilhas Francesas, (11) 3286-0755; 0800-141819

www.leguanahani.com

Localizado na Ilha de São Bartolomeu, colonizada pelos franceses, o hotel possui bangalôs coloridos cercados de jardins tropicais. Um dos dois restaurantes serve comida mediterrânea francesa e toca *jazz* ao vivo.

MÉXICO

Las Ventanas al Paraíso $$$

Los Cabos, (11) 3286-0755; 0800-141819

www.lasventanas.com

O luxuosíssimo *resort* freqüentado por estrelas de Holywood prima por detalhes como piscinas privativas diante do quarto, telescópio particular, massagem para dois sob o céu estrelado e um paparico sem fim dos funcionários e mordomos, que borrifam com água mineral os óculos escuros do hóspede na piscina. Quem não se separa dos cães ou dos gatos nem na lua-de-mel pode ficar sossegado: há cardápio próprio e massagem especialmente para os animaizinhos.

La Fonda del Mar Bed and Breakfast $

Los Cabos, (52 624) 142-1916

www.loscabosguide.com/hotels/lafondadelmar.htm

Praticamente no meio do nada, o B&B garante boa companhia aos hóspedes que querem sossego: de um lado, montanhas áridas salpicadas por cactos; do outro, uma praia cujo barulho das ondas proporciona uma orquestra perfeita para embalar o sono. Luzes fracas incentivam a observação do céu estrelado. Café da manhã muito bem servido; por exemplo, o hóspede pode optar por *huevos rancheros*, ovos mexidos com molho de tomate, e *tortillas* que valem por um almoço.

Cabanas Copal $

Tulum, (52 984) 806-7819

www.cabanascopal.com

Localizado a 3 quilômetros das ruínas maias, não tem eletricidade, por isso à noite fica totalmente iluminado à luz de velas.

ESTADOS UNIDOS

Mandarin Oriental Miami $$

0800-8913578

www.mandarinoriental.com

Localizado na Ilha Brickell, tem praia artificial cercada por palmeiras à beira-mar e salpicada por camas baixinhas em estilo oriental, ornando com a decoração do resto do hotel. O *spa* tem tratamentos europeus e asiáticos.

Four Seasons Santa Bárbara $$$

0800-8913581

www.fourseasons.com

Com jardins pitorescos, o *resort* organiza casamentos e oferece massagens para dois no *spa*. Ao lado da piscina, cabanas para o casal protegem as espreguiçadeiras do sol.

ARGENTINA

Sofitel Buenos Aires $$

0800-7037000

www.sofitel.com.br

Construído num edifício *art déco* de 1920, tem cúpula de vidro que faz conexão entre os principais ambientes. Promove recitais e está localizado na rua dos antiquários. O restaurante é superaconchegante e o bar-biblioteca tem estilo.

Llao Llao $$

Bariloche, 0800-141819 ou (11) 3286-0755

www.llaollao.com

Cercado por lagos e picos nevados, tem campo de golfe e paparica muito os clientes. Os hóspedes têm direito a sala *vip* no aeroporto e uma sala especial no Cerro Catedral, o centro de esqui da cidade.

FRANÇA

Château de Bagnols $$$$

Lyon, (11) 3286-0755; 0800-141819

www.bagnols.com

O palácio medieval do século 13 fica na charmosa região de Beaujolais, produtora do popular vinho, e dispõe de louça e mobiliário antigos. A pequena igreja celebra casamentos. Os apaixonados podem passear de carruagem ou de balão pela região ou fazer piquenique entre os vinhedos.

Hotel du Castellet $$

Castellet, (11) 3286-0755; 0800-141819

www.hotel-du-castellet.cote.azur.fr

Localizado numa vila medieval da Côte d'Azur, o hotel tem um jardim enorme com vista para o Mediterrâneo.

ITÁLIA

Hotel de Russie $$$

Roma, (11) 3286-0755; 0800-141819

www.hotelderussie.it

Um terraço do sexto andar do hotel, decorado com tochas romanas e com vista para a Vila Borghese, é cenário de um jantar romântico de maio a outubro.

Palazzo Sasso $$

Ravello, Costa Amalfitana, (39 089) 818-181

www.palazzosasso.com

O palácio medieval do século 12, cravado nas montanhas da Costa Amalfitana, oferece variedade de roupas de cama finas para os casais e tem piscina com vista para a costa e o vilarejo. Dali, os pombinhos passeiam de barco até a onírica Ilha de Capri.

Casolare Val di Maré $$$

Cecina, (39 0586) 696-051

www.casolarevaldimare.com

Localizada no campo, faz parte do agriturismo da Toscana e fica perto da rota de vinhos, da costa etrusca, Florença, Siena e St. Geminiano. Serve comida caseira e vinho da própria região.

PORTUGAL

Pousadas de Portugal $

(11) 3059-4058

www.pousadas.pt

As mais de quarenta unidades da rede estão localizadas em edifícios de charme e monumentos nacionais históricos adaptados para o conforto do hóspede, como castelos, conventos e mosteiros. Pode parecer sacrilégio fazer amor em tais ambientes outrora dedicados primordialmente à oração de seres castos, porém a paz desses locais propicia o romance. Na lista das preferidas dos recém-casados, consta a de Óbidos, um castelo cujas torres abrigam quartos que transportam os ocupantes ao mundo dos contos de fadas.

Palácio de Bussaco $$

(351 231) 937-970

www.almeidahotels.com

Os enamorados têm noite de reis. A 24 quilômetros de Coimbra e convertido em hotel nos anos 1910, este palácio foi encomendado em 1888 pelo rei dom Carlos, para que se tornasse sua morada de caça. O rei, no entanto, morreu antes de usufruir da construção. Dá para sentir um gostinho da vida fidalga ao almoçar e passar a tarde ali. Pode-se ainda apreciar as belas curvas neomanoelinas exteriores do palácio, ao visitar a Mata Nacional do Bussaco.

Lapa Palace $$

Lisboa, (11) 3286-0755; 0800-141819

www.lapa-palace.com

O pacote romântico inclui jantar no quarto ao som de violonistas, banho de pétalas de rosa e café da manhã numa varanda com bela vista da capital portuguesa.

ESPANHA

Paradores de Espanha $

(34 91) 516-6666

www.parador.es

Com os mesmos objetivos e características da rede Pousadas de Portugal, hospeda os turistas em monumentos históricos espanhóis, como castelos, abadias e conventos seculares. Destacam-se entre os românticos o de Ourense, cujo restaurante tem terraços ao lado do bosque de castanheiras e de alguns apartamentos avista-se o rio Sil; o de Carmona, num alcáçar árabe do século 14; o de Hondarribia, num castelo do século 10.

ÁFRICA DO SUL

Bayethe $$$$ (all-inclusive)

(27 042) 203-1111

www.shamwari.com

Localizado em uma reserva natural particular inserida nas savanas africanas, esse *lodge* tem nove suítes em tendas luxuosas, todas com deque de observação dos animais e piscinas privativas. Fica na Rota Jardim, que beira o mar, a 40 minutos de carro de Port Elizabeth.

Tsala Treetop Lodge $$$$

(27 044) 532-7818

www.tsalatreetops.com

Localizado na copa das árvores, esse *lodge* feito de madeira, pedra e vidro se encaixa perfeitamente ao Parque Nacional de Tsitsikamma, na Rota Jardim, cenário de esportes de aventura e caminhadas. Cada uma das dez suítes tem varandas exclusivas que parecem uma continuidade dos galhos das árvores.

BOTSUANA

Eagle Island Camp $$$$ (*all-inclusive*)

(27 11) 274-1800

www.orient-express-safaris.co.za

Esse acampamento de luxo localizado no Delta do Okavango, região farta de animais africanos, possui deques privativos com vista para uma lagoa e oferece safáris fotográficos em canoas típicas ao pôr do sol.

ILHAS MAURÍCIO

The Residence $$$$

www.theresidence.com *(reservas só por agente de viagem)*

Cada apartamento dispõe de mordomo, contratado para desfazer as malas dos hóspedes e preparar o banho, com caminho de pétalas de rosas entre o local onde estão os pombinhos e a banheira.

EMIRADOS ÁRABES UNIDOS

AL MAHA DESERT RESORT $$$$ (PENSÃO COMPLETA)

Dubai, (11) 3286-0755; 0800-141819

www.al-maha.com

O *lodge* no meio da área de conservação do deserto tem atendimento personalizado, piscinas privadas, dispõe de atividades como falconaria, safári a cavalo ou de camelo e passeios pelas dunas em veículos 4 x 4.

MIMOS DOS HOTÉIS

Em muitos hotéis os casais em lua-de-mel têm direito basicamente a uma garrafa de champanhe e a uma cesta de frutas no apartamento. Determinados estabelecimentos, porém, deixam sua marca com diferenciais de dar água na boca. Se você considerar algum dos itens a seguir irresistível – encontrados em diversos hotéis –, tente obtê-lo. Verifique com seu agente de viagens ou com o próprio hotel se você pode consegui-lo gratuitamente por estar em viagem de núpcias, ou proponha uma troca por um item do pacote do hotel que não o seduza tanto. Se esses meios não forem eficazes e você tiver recursos, há a possibilidade de pagar pelo produto tão especial.

- Garrafa de champanhe
- Garrafa de vinho
- Cesta de frutas
- Flores
- Pétalas de rosas na banheira ou na cama
- Cama de casal *king size*

- Roupa de cama especial (bordada)
- Bolo
- Óleos aromáticos
- Sais de banho
- Roupões bordados
- Aroma sensual
- Velas perfumadas
- Chocolates
- *Upgrade* para quarto melhor
- *Check-in* antecipado e *check-out* mais tarde
- Jantar à luz de velas
- Jantar dançante
- Café da manhã no apartamento
- Café da manhã com champanhe
- *Fondue* no apartamento
- Refeição afrodisíaca
- Foto do casal
- Presente-surpresa
- Massagem para dois
- Banho de ofurô
- *Day-spa*
- Camisetas
- Buquê de flores do campo
- Cesta de piquenique
- Passeio ou refeição ao pôr do sol
- Serenata
- Jantar privado com músicos
- Tábua de frios
- Luau

11 ESTRANHOS NO NINHO

O velho exemplo do cônjuge que implica com o outro porque ele apertou o tubo do creme dental no meio e não na ponta pode tornar-se realidade nos primeiros dias de convivência, sobretudo com aqueles que moravam sozinhos havia muitos anos e já desenvolveram manias e neuroses. Mesmo que os dois estejam perdidamente apaixonados, o casal é composto de duas pessoas distintas, que possivelmente têm hábitos diários diversos. Por exemplo: um está acostumado a dormir tarde e detesta acordar ao raiar do dia, hábito que faz parte da rotina do outro. O madrugador não pára de falar e tenta abrir os olhos do outro, como se fosse criança. Para aliviar um pouco o estresse que a diferença de hábitos pode acarretar, que tal entrar em um acordo? Quem acorda antes pode seguir para o *spa* do hotel, caminhar para conhecer a região e escolher os recantos mais interessantes para depois voltar com o amado, destrinchar o guia para descobrir as atrações mais interessantes e (re)desenhar o roteiro, ler o jornal ou um livro ou fazer qualquer outra atividade disponível no hotel ou nos arredores. Enfim, o objetivo é deixar o cônjuge em paz por algumas horas. Afinal, apesar do recente matrimônio, cada um tem seus próprios desejos e não há necessidade de ficarem grudados um no outro. Isso acontece, por exemplo, quando um gosta de dormir depois do almoço, ao passo que o outro não; ou quando um odeia a atividade que o outro adora. Claro que em alguns momentos um deve ceder e abraçar, mesmo que a contragosto, as atividades desejadas pelo outro, exercício com que, aliás, vai deparar pelo resto da vida a dois. Além de gerar harmonia, com esse comportamento o viajante pode até aprender a gostar de algo que antes desconhecia, como esportes, sauna, estilos musicais etc.

INIMIGOS DO ROMANCE

FUSO HORÁRIO

A diferença de fuso horário entre um país e outro pode gerar certo desconforto, capaz de consumir as energias do fogoso casal e, conseqüentemente, provocar brigas e/ou frustrações. Os especialistas dizem que o viajante demora em dias o mesmo número de horas da diferença de fuso para se acostumar ao destino. Por exemplo, quem vai do Brasil para a África do Sul, países com diferença de quatro horas, leva quatro dias para se adaptar ao novo fuso. Para diminuir o trauma das reações, evite bebidas alcoólicas em excesso (mesmo porque você vai querer se lembrar da viagem tão sonhada), consuma pratos leves nos primeiros dias e force lentamente o sono a se adaptar aos horários do destino, isto é, vá para a cama uma hora mais cedo ou mais tarde do que o dia anterior para que, aos poucos, você esteja sonolento ou desperto nos horários corretos.

IMPREVISTOS

Por mais que o casal tenha planejado tudo, seguindo todas as dicas deste livro, podem acontecer imprevistos: uma chuva estraga o passeio de *buggy* programado pela praia, o restaurante não aceita traje esportivo apesar de ser um local extremamente turístico, a esposa menstrua antes do previsto, o marido fica febril na tarde em que haviam marcado um mergulho, o avião atrasa 12 horas. Tais situações podem deixar os dois nervosos, mas tentem aproveitar cada uma das situações de maneira criativa. O vôo de volta atrasou e a companhia aérea ofereceu algumas horas num hotel de luxo? Ótimo, mais uma oportunidade de estender um pouquinho os momentos de romance; afinal, uma banheira com espuma é muito melhor do que uma poltrona de avião. Um dos dois ficou doente, com gripe ou febre? É a grande oportunidade de o companheiro saudável demonstrar seus dotes de enfermeiro, paparicar o amado ao máximo e cuidar dele com todo o carinho; provavelmente em poucas horas ele melhorará. A chuva ou o mau tempo atrapalharam o programa? Aproveitem para transformar o quarto num parque de diversões: muitos banhos a dois, refeições na cama e sexo à vontade.

BRIGUINHA BOBA

O casal se ama muito, mas nem sempre concorda em tudo. Às vezes uma situação que saiu um pouco diferente do esperado pode estragar algum ou vários momentos e criar um clima ruim: uma noite maldormida que deixa o companheiro mal-humorado, uma reação do outro que não corresponde ao que se esperava, um comportamento diferente, que desagrada, uma amizade surgida no meio da viagem que parece ser mais importante do que os momentos a dois. Mas lembre-se de que falar mais alto pode estragar todo o sonho. Se o tamanho da raiva impedir uma conversa civilizada, dê uma volta sozinho, conte até dez, lembre-se da cerimônia que os uniu, do primeiro beijo ou dos momentos felizes que passaram juntos. Então volte, faça um galanteio, ofereça flores, dê um beijinho no lugar preferido do corpo do companheiro e converse baixinho sobre os problemas que o aborrecem. Dialogue muito e não deixe nenhuma mágoa acumulada. Imagine o prejuízo (de tempo, dinheiro e felicidade) que vocês terão se perderem um ou dois dias emburrados durante a viagem. Não vale a pena.

LUGAR JÁ CONHECIDO DE UM DOS DOIS

O casal está viajando de carro pela Itália. O marido quer desviar de uma cidade que já conhece ou passar rapidamente por ela, alegando que não quer perder tempo. Ela aceita, mas fica frustradíssima, e seu aborrecimento torna a viagem desagradável. Qual é o problema de repetir lugares já visitados? A situação é completamente nova, a visita está sendo feita na melhor companhia da sua vida e o estilo do *tour* também pode mudar. Se você já foi a Pisa com os amigos mochileiros, agora pode vê-la de outro ângulo, talvez num piquenique com a amada, diante do monumento, sem o risco de deixá-la frustrada.

12 REGISTROS PARA AS GERAÇÕES VINDOURAS

Certamente as lembranças da viagem ficarão para sempre na memória do casal, e marido e mulher vão se emocionar ao mostrarem as cenas aos filhos e netos, que muito se divertirão. Nos momentos de raiva e brigas do casal, ao longo da vida a dois, as fotos dos momentos felizes ajudam muito a aliviar a tensão e a diminuir a raiva do companheiro.

Flagras de seu amor cochilando, beijos ardentes clicados por outrem, cenas clássicas do casal na frente da Torre Eiffel ou de uma praia paradisíaca. Não tenha vergonha de pedir para alguém fotografá-los. Geralmente os outros turistas se solidarizam, porque muitos já passaram pela mesma situação. Se não souber pedir o favor em outra idioma, simplesmente aponte para a máquina fotográfica, abrace o seu amor, fingindo já fazer uma pose, e ofereça um sorriso meigo, que torne o pedido irrecusável. Não deixe de mostrar com clareza o botão que deve ser acionado, sobretudo se seu equipamento for muito complexo, para que o simpático voluntário não o desprograme.

Além das paisagens clássicas ou de outras nem tanto, de acordo com o que desejarem de fato guardar para sempre, vale registrar cenas picantes, dignas de uma lua-de-mel, que, porém, não serão liberadas para sogros, tios-avós, netos, filhos etc. Pode se tornar o primeiro grande segredinho do casal, nos momentos mais íntimos.

Seja qual for o estilo do álbum de lua-de-mel, é preciso, antes de embarcar, escolher o equipamento que registrará os momentos de amor: câmeras digitais, analógicas ou filmadoras. Não importa o modelo, faça um teste antes de sair de casa para não perder momentos de paixão lendo manuais. Caso o equipamento tenha alguma particularidade que lhe escape, abuse da paciência do lojista para resolver todas as suas dúvidas antes de efetuar a compra.

CÂMERAS DIGITAIS

Câmeras digitais hoje facilitam muito a vida: permitem eliminar de imediato as fotos ruins, são mais compactas do que as analógicas, por isso cabem em qualquer lugar, e possuem recursos de manipulação da imagem. Mas muitos usuários desse equipamento inovador acabam acumulando todas as fotos feitas num arquivo de computador, deixando-as ainda mais escondidas do que antigamente, quando as pessoas jogavam os álbuns de fotos no fundo do armário, e de vez em quando acabavam mostrando para uma visita ou outra. Esses arcaicos calhamaços de papel podem ser transportados de um lado para o outro e passados de mão em mão numa festa de família. Já os arquivos de fotos promovem a aglomeração dos apreciadores na frente do computador e correm o risco de sumir se acontecer algum problema no equipamento. Por isso, mesmo que adote esse instrumento, não deixe de imprimir as fotos mais bonitas para montar um álbum como antigamente. E, mesmo com o álbum pronto, assegure sua versão eletrônica e grave a seleção virtual em um ou mais CDs.

Câmeras digitais em geral funcionam com baterias finitas, que podem acabar exatamente diante do pôr do sol de uma praia paradisíaca. Para não correr esse risco, compre uma bateria extra, e mantenha sempre uma delas carregada. Quem viaja para o exterior e não conhece o formato das tomadas em outros países, deve acrescentar na bagagem um adaptador, fundamental para assegurar a alimentação da bateria.

CÂMERAS ANALÓGICAS

As automáticas, bem baratinhas, não exigem muito esforço da massa encefálica, porém a qualidade das imagens é comprometida. Se o objetivo for apenas registrar os momentos a dois, sem muito apelo artístico, elas são melhores que nada.

Os equipamentos para profissionais produzem imagens de melhor qualidade, porém o leigo deve ler com atenção o manual de instruções se quiser aproveitar os recursos da câmera. Quem tem preguiça ou não dispõe de tempo para isso pode deixar o equipamento no automático e sair disparando. Mesmo nesse caso as fotos ficarão mais apresentáveis do que as feitas com uma máquina automática. Antes de comprar esse equipamento, porém, converse com seu companheiro. Avalie se vale a pena, pois as máquinas analógicas estão cada vez mais obsoletas, em vista do avanço das digitais.

Se, mesmo com tantas comparações, vocês não quiserem abrir mão do velho e bom filme, não deixem para comprá-lo no destino da viagem, sobretudo se forem locais turísticos, onde os preços são absurdamente altos. A quantidade de filmes que se leva varia com o prazer de fotografar, porém garanta pelo menos três para uma viagem de uma semana.

FILMADORA

Será que vocês e o restante da família terão paciência de assistir ao filme da sua lua-de-mel? Pense bem se não será um investimento à-toa e um trambolho a mais na bagagem, sem contar a dificuldade de conseguir voluntários desconhecidos para registrar o casal. Mas, se você sonha em fazer um vídeo similar ao de novelas e filmes românticos, valem aqui as mesmas recomendações já apresentadas sobre os equipamentos: analisar, testar, estudar e decidir.

13
PLANEJANDO AS PRÓXIMAS LUAS-DE-MEL

Acabaram-se os longos e cansativos preparativos para o casamento e a viagem, mas eles passaram tão rapidamente que nem deixaram saudade. Talvez você sinta falta dos momentos de pesquisa e decisão sobre igreja, festa e viagem, além da expectativa (dizem que o melhor da festa é esperar por ela, não é?). Porém tudo isso já passou, ficou para trás, e agora realmente começa a vida a dois: contas para pagar (inclusive as remanescentes da festa e da viagem), ritmo de trabalho alucinante (ou, ao contrário, desemprego e procura por trabalho), decisões acerca do cardápio do dia, compras de supermercado. Bem-vindos à vida real.

Às vezes o cotidiano, mesmo ao lado do ser amado, desanima um pouco, e há aqueles que desistem na primeira dificuldade. Calma. Antes de qualquer atitude radical, pense nos maravilhosos momentos passados a dois e nos que ainda hão de vir. As fotos da lua-de-mel podem ajudar a acalmar os ânimos quando surgirem as brigas. A próxima viagem pode tornar-se um remédio bem eficaz para os primeiros sinais de crise. Quem sabe seja até melhor que a primeira.

Se você emprestar este livro para um amigo, deixe claro que o quer de volta. Em vez de entulhá-lo no arquivo morto da sua estante, mantenha-o em um local de fácil visualização para se lembrar de que sempre é hora de fazer a segunda, a terceira, a quarta, a enésima lua-de-mel. Qualquer feriado prolongado, final de semana, férias, final de ano são motivo para uma viagem. Por que não reservar de novo um tempinho para desbravar o Brasil e o mundo ao lado de quem você ama? Não se acomode com o cotidiano, pensando que o melhor já passou. Pelo contrário. Há muitas coisas maravilhosas para serem vividas a dois e muitas viagens vindouras.

GLOSSÁRIO DE TURISMO

Familiarize-se com alguns termos com que você pode deparar durante a viagem de lua-de-mel, ou antes dela, ao fazer pesquisas ou comprar serviços. Ao conhecê-los, você tem menos chance de ser enganado quando for escolher os pacotes.

AGÊNCIA DE RECEPTIVO: Aquela que recebe os turistas no destino, realizam seu transporte e/ou os levam para passear.

AGÊNCIA DE VIAGENS: Empresa que comercializa pacotes turísticos, passagens aéreas, estada em hotéis e locação de carros para o público final. Diferente do operador, que é a empresa que monta os pacotes a partir do contato direto com fornecedores, como hotéis e agências do destino que organizam os passeios. A operadora também pode ser uma agência e vender seus próprios produtos. Na prática, o agente serve como intermediário entre o operador e o viajante.

ALBERGUE DA JUVENTUDE: Meio de hospedagem com preço mais em conta não necessariamente voltado aos jovens, membro da rede internacional de albergues da juventude Hostelling International. Tem quartos coletivos e de casal e muitas vezes exige que o hóspede leve a própria roupa de cama.

ALL-INCLUSIVE: Sistema em que estão incluídas na diária do hotel alimentação e bebidas (alcoólicas ou não) mesmo fora das refeições, além de atividades recreativas.

APARTAMENTO DUPLO: Com duas camas.

APARTAMENTO *SINGLE*: Com uma cama.

APARTAMENTO *STANDARD*: Em geral, o mais barato e simples do hotel.

BAGAGEM *CLAIM*: Esteira onde o passageiro pega a bagagem no aeroporto, após o desembarque.

BED & BREAKFAST: Estada em residências em cujas diárias estão incluídos, como o próprio nome diz, cama e café da manhã. Comum nos Estados Unidos e em alguns países da Europa.

CAFÉ DA MANHÃ CONTINENTAL: Que inclui pelo menos uma bebida (café, chá ou leite), pão ou torrada e, algumas vezes, suco de fruta.

CAMA *KING SIZE*: Cama de casal com 1,6 x 2 metros, maior que a comum.

CARTÃO DE EMBARQUE (*BOARDING PASS*): Cartão que o passageiro de avião recebe ao realizar o *check-in* e apresenta na sala de embarque do aeroporto.

CHECK-IN: No aeroporto, o passageiro apresenta documentos e passagens no balcão da companhia aérea, despacha a bagagem e recebe o cartão de embarque. Também é a identificação no balcão do hotel na chegada do hóspede. Nesse caso, ele preenche uma ficha e pega a chave do quarto.

CHECK-OUT: Fechamento da conta no meio de hospedagem, acompanhado da entrega das chaves e retirada das bagagens do quarto.

CITY TOUR: Passeio pelos principais pontos turísticos da cidade.

CODE-SHARE: Acordo entre companhias aéreas para que vendam um mesmo vôo, realizado na aeronave de uma ou de outra.

CONCIERGE: Funcionário do hotel responsável por atender às solicitações dos hóspedes e lhes fornecer informações e dicas sobre o destino.

DAY USE: Utilização das dependências do hotel durante o dia, sem alojamento noturno, com preço especial.

DESTINO TURÍSTICO: Local para onde o passageiro viaja.

DOWNGRADE: Mudança para um quarto de hotel ou assento de avião de categoria inferior.

DUTY-FREE: Venda de produtos estrangeiros sem impostos de importação em lojas de aeroportos, dentro do avião ou em zonas especiais de determinadas cidades.

ENDOSSO: Autorização de uma companhia aérea para que o bilhete seja válido para o vôo de outra empresa.

HOTEL TURÍSTICO: Hotel de categoria mais econômica.

JET LEG: Reação do corpo à mudança do fuso horário, caracterizada por dores de cabeça e sono durante o dia e insônia à noite.

LATE CHECK-OUT: Concessão para que o hóspede deixe o hotel após o horário convencional sem pagar adicional.

LODGE: Estabelecimento hoteleiro integrado à paisagem e em geral localizado em meio à natureza, por exemplo, em savanas africanas ou na Amazônia.

MEIA PENSÃO: Diária dos meios de hospedagem que inclui, além da estada, café da manhã e uma refeição (almoço ou jantar).

MOTEL: Diferentemente do Brasil, em outros países, principalmente nos Estados Unidos, o motel se caracteriza como meio de hospedagem simples, em geral à beira da estrada, com garagem.

NO SHOW: O passageiro com bilhete aéreo reservado não embarca no avião ou o hóspede com reserva não aparece no hotel.

OPERADORA DE VIAGENS: Empresa que organiza os pacotes de turismo e tem contato direto com fornecedores, como hotéis, companhias aéreas e locadoras de carro.

OVERBOOKING: Reserva de passagens aéreas ou diárias de hotel para número de clientes superior à capacidade do avião ou do meio de hospedagem, o que pode comprometer o embarque ou a acomodação de algumas pessoas. No caso de o cliente ser prejudicado, a companhia aérea ou o hotel devem oferecer-lhe compensações.

PACOTE TURÍSTICO: Viagem vendida para o passageiro com vários itens incluídos, como hospedagem, passagem aérea e, às vezes, alguns passeios.

PENSÃO COMPLETA: Diária de meios de hospedagem que inclui, além da estada, café da manhã, almoço e jantar diários.

RESORT: Hotel com atividades de lazer, que pode até ser a própria razão da viagem. Em geral funciona com o sistema de meia pensão ou pensão completa.

SAFÁRI FOTOGRÁFICO: Passeio para observação de animais com o objetivo de fotografá-los. É este o significado de safári no programa de viagem. Não há nenhuma relação com caça de animais.

SPA: Estabelecimentos hoteleiros direcionados para emagrecimento e áreas de hotéis destinadas a tratamentos de saúde e bem-estar, como massagens, banhos de ofurô e hidromassagem.

TERRESTRE: Parte do pacote que não inclui passagem aérea até o destino.

TRASLADO: Transporte entre o aeroporto e o hotel, e vice-versa. Vale verificar se está incluído no pacote, porque pode ser muito caro se pago no próprio destino.

UPGRADE: Mudança para uma classe superior do vôo, por exemplo, da econômica para a executiva, geralmente por *overbooking* ou prêmio concedido para participantes de programas de milhagem. Vale também quando um hóspede passa de um apartamento básico do hotel para um mais luxuoso sem pagar nada, benefício oferecido por alguns meios de hospedagem para casais em lua-de-mel.

VÔO *CHARTER*: Reservado para grupo de passageiros em avião "alugado" por uma operadora que oferece preços melhores aos clientes.

VÔO COM CONEXÃO: O passageiro troca de avião antes de chegar ao destino final.

VÔO COM ESCALA: O avião pára em aeroportos no caminho para troca de passageiros e/ou limpeza.

VÔO *NON-STOP*: Direto, sem escalas.

VOUCHER: Documento que comprova os serviços pagos antecipadamente ao agente de turismo, como diárias de hotéis, traslados e passeios.

AGÊNCIAS E OPERADORAS DE TURISMO

Abreu	(11) 3078-1840	www.abreutur.com.br
Adv	(11) 2167-0633	www. advtour.com.br
Agaxtur	(11) 3067-0900	www.agaxtur.com.br
Ambiental	(11) 3818-4600	www. ambiental.tur.br
Angatu	(11) 3872-0945	www.angatu.com
Apex Travel	(11) 3722-3000	www. apextravel.com.br
Blessingtour	(11) 5042-2466	www.blessingtour.com.br
CVC	(11) 2191-8410	www.cvc.com.br
Designer	(11) 223-3799	www.designertours.com.br
Embarque	(16) 3610-7007	–
Flot	(11) 4504-4504	www.flot.com.br
Freeway	(11) 5088-0999	www.freeway.tur.br
Interpoint	(11) 3087-9400	www.interpoint.com.br
L'Espace	(11) 3254-5050	www.lespacetours.com.br
Natural Mar	(11) 3214-4949	www.naturalmar.com.br
Newmon	(11) 5052-3233	www.newmon.com.br
Ouro e Prata	(51) 3357 5353	www.ouroepratataturismo.com.br
Paragon	(11) 3083-2644	www.paragonturismo.com.br
Primus	(31) 3228-6000	www.primus.com.br

Queensberry	(11) 3217-7100	www.queensberry.com.br
Riotravel	(21) 2292-6677	www.riotravel.com.br
Salt Lake	(11) 3254-3555	www.saltlake.com.br
Soft Travel	(11) 3017-9999	www.softtravel.com.br
TAM Viagens	0800-555200	www.tamviagens.com.br
Tower Travel Brasil	(11) 333-5552	www.towertravelbrasil.com.br
Viagem e Aventura	(11) 3708-6200	www.viagemaventura.com.br
Venturas & Aventuras	(11) 3872-0362	www.venturas.com.br
Visual	(11) 3235-2000	www.visualturismo.com.br

ENTIDADES DE CLASSE

ASSOCIAÇÃO BRASILEIRA DE AGÊNCIAS DE VIAGENS (ABAV)
(11) 3231-3077 www.abav.com.br

O *site* tem uma lista das agências credenciadas e um dispositivo de busca para encontrar a empresa mais próxima à sua casa, digitando o CEP.

ASSOCIAÇÃO BRASILEIRA DA INDÚSTRIA HOTELEIRA (ABIH)
(21) 2533-5768 www.abih.com.br

ASSOCIAÇÃO BRASILEIRA DAS OPERADORAS DE TURISMO (BRAZTOA)
(11) 3259-9500 www.braztoa.com.br

DEPARTAMENTO DE AVIAÇÃO CIVIL (DAC)
www.dac.gov.br

Lista a legislação e os direitos do passageiro de avião.

INFORMAÇÕES SOBRE OS DESTINOS

NACIONAIS

Alagoas	www.visitealagoas.com.br
	www.turismoalagoas.hpg.ig.com.br
Amapá	www.amapa.net
Amazonas	www.amazonastur.am.gov.br
Amazônia	www.amazonia.org.br/viagem
Bahia	www.bahia.com.br
Bento Gonçalves	www.bentogoncalves.com.br
Bonito	www.portalbonito.com.br
Brasil	www.embratur.gov.br
Búzios	www.buziosonline.com.br
	www.buziosturismo.com
Campos do Jordão	www.camposdojordao.sp.gov.br
Canela	www.canelaturismo.com.br
Caxias do Sul	www.caxias.rs.gov.br
Ceará	www.ceara.gov.br
	www.setur.ce.gov.br
Cidades Históricas	www.cidadeshistoricas.art.br
Espírito Santo	www.es.gov.br
Fernando de Noronha	www.noronha.com.br
	www.fernandodenoronha.pe.gov.br
Florianópolis	www.guiafloripa.com.br

Fortaleza	www.fortaleza.ce.gov.br
Goiás	www.agetur.go.gov.br
Gramado	www.gramadosite.com.br
Ilhabela	www.ilhabela.com.br
Jericoacoara	www.jericoacoara.com.br
Maceió	www.turismomaceio.com.br
Maragogi	www.maragogionline.com.br
Maranhão	www.turismo.ma.gov.br
Mato Grosso	www.mt.gov.br
Mato Grosso do Sul	www.ms.gov.br
Minas Gerais	www.descubraminas.com.br
Monte Verde	www.monteverdemg.com.br
Natal	www.nataltrip.com
Pantanal	www.pantanalms.tur.br
Pará	www.paratur.pa.gov.br
Paraíba	www.paraiba.pb.gov.br
Paraná	www.pr.gov.br
Paraty	www.paraty.com.br
Pernambuco	www.pe.gov.br
Piauí	www.pi.gov.br
Rio de Janeiro (cidade)	www.riodejaneiro-turismo.com.br
Rio de Janeiro (estado)	www.turisrio.rj.gov.br
Rio Grande do Norte	www.setur.rn.gov.br
Rio Grande do Sul	www.turismo.rs.gov.br
Salvador	www.emtursa.ba.gov.br

Santa Catarina	www.santur.sc.gov.br
São Paulo	www.saopaulo.sp.gov.br
Sergipe	www.viajesergipe.com.br www.turismosergipe.net

INTERNACIONAIS

Alemanha	www.germany-tourism.de www.alemania-turismo.com
Espanha	www.tourspain.es
Estados Unidos	www.seeamerica.org
França	www.franceguide.com
Havaí	www.gohawaii.com
Maldivas	www.visitmaldives.com.mv
Maurício	www.mauritius.net
Porto Rico	www.gotopuertorico.com
Portugal	www.portugalinsite.pt
Seychelles	www.sey.net
Tailândia	www.tourismthailand.org
Taiti	www.tahitivacationguide.com www.tahiti-tourisme.com

CASAMENTOS NO EXTERIOR

DISNEY	http://disney-go.com
Documentação:	http://orangeclerck.onetgov.net/faq/faq-marriage license.htm
HAVAÍ	www.gohawaii.com/weddings
	www.hawaiianromance.com
	www.adreamweddinghawaii.com
	www.hawaiiweddings.com
	www.myhawaiiwedding.com
Documentação:	https://www.ehawaiigov.org/doh/vitrec/exe/vitrec.cgi
LAS VEGAS	www.alittlewhitechapel.com
	www.vivalasvegasweddings.com
	www.weddingdreams.com
Documentação:	www.co.clark.nv.us/clerk

COMPANHIAS AÉREAS

AEROMÉXICO (México)	(11) 3253-3888	www.aeromexico.com
AIR CANADA (Canadá)	(11) 3254-6630	www.aircanada.com.br
AIR FRANCE (França)	0800-8803131	www.airfrance.com.br
ALITALIA (Itália)	(11) 2171-7600	www.alitalia.com.br
AMERICAN (EUA)	(11) 4502-4000	www.aa.com.br
BRITISH (Reino Unido)	(11) 3145-9700	www.britishairways.com
CONTINENTAL (EUA)	0800-7027500	www.continental.com

COPA (Panamá)	(11) 3234-2672	www.copaair.com
DELTA (EUA)	0800-221121	www.delta.com
GOL (Brasil)	0800-7012131	www.voegol.com.br
IBÉRIA (Espanha)	(11) 3218-7130	www.iberia.es
JAL (Japão)	(11) 3251-5222	www.jal.com.br
KLM (Holanda)	(11) 3372-2800	www.klmbrasil.com.br
LAN (Chile)	(11) 2121-9000	www.lanchile.com
LUFTHANSA (Alemanha)	(11) 3048-5800	www.lufthansa.com.br
SOUTH AFRICAN (África do Sul)	(11) 3065-5115	www.flysaa.com
SWISS (Suíça)	(11) 3016-4747	www.swiss.com
TAM (Brasil)	(11) 4002-5700	www.tam.com.br
TAP (Portugal)	(11) 6445-2150	www.tap.pt
UNITED (EUA)	(11)3145-4200	www.united.com.br
VARIG (Brasil)	(11) 4003-7000	www.varig.com.br
VASP (Brasil)	0300-7891010	www.vaspvirtual.com.br

REDES HOTELEIRAS

ACCOR	0800-7037000 (11) 3747-7080	www.hoteis-accor.com.br
ALBERGUES DA JUVENTUDE	(21) 2286-0303	www.hostel.org.br
ATLÂNTICA	0800-555855 (11) 3365-4775	www.atlantica-hotels.com.br

BLUE TREE	0800-150500 (11) 3841-7444	www.bluetree.com.br
CLUB MED	0800-7073782	www.clubmed.com.br
INTERCONTINENTAL	0800-118778	www.ichotelsgroup.com
OTHON	0800-2851500	www.hoteis-othon.com.br
SOL MELIÁ	0800-7033399	www.solmelia.com
SUPERCLUBS	0800-7043210	www.breezes.com.br
THE LEADING HOTELS OF THE WORLD	0800-141819 (11) 3286-0755	www.lhw.com
TRANSAMÉRICA	0800-126060	www.transamerica.com.br
TROPICAL	0800-7012670	www.tropicalhotel.com.br

CARTÕES DE CRÉDITO

AMERICAN EXPRESS	(11)4004-2639	www.americanexpress.com.br
DINERSCLUB	(11) 4001-4444	www.dinersclub.com
MASTERCARD	0800-8913294	www.mastercard.com.br
VISA	*(varia de acordo com o emissor)*	www.visa.com.br

INFORMAÇÕES SOBRE AS ESTRADAS BRASILEIRAS

DEPARTAMENTO NACIONAL DE INFRA-ESTRUTURA DE TRANSPORTES (ANTIGO DNER) : www.dnit.gov.br

ESTRADAS.COM.BR: www.estradas.com.br

POLÍCIA RODOVIÁRIA FEDERAL: www.dprf.gov.br

INFORMAÇÕES SOBRE EMPRESAS DE VIAÇÃO

AGÊNCIA NACIONAL DE TRANSPORTES TERRESTRES	www.antt.gov.br
SOCICAM (administradora de alguns terminais de passageiros)	www.socicam.com.br

EMPRESAS DE ÔNIBUS

1001	0300-3131001	www.autoviacao1001.com.br
COMETA	(11) 3868-5800	www.viacaocometa.com.br
ITAPEMIRIM	0800-7017002	www.itapemirim.com.br
REUNIDAS PAULISTA	0800-7099020	www.reunidaspaulista.com.br
SÃO GERALDO	0800-780044	www.saogeraldo.com.br

LOCADORAS DE CARRO

ÁLAMO	(21) 532-7200	www.alamo.com
AVIS	(11) 3674-4046	www.avis.com.br
HERTZ	(11) 4336-7300	www.hertz.com.br
LOCALIZA	0800-992000	www.localiza.com.br
MOBILITY	0800 16 0525	www.mobility.com.br
UNIDAS	0800-122288	www.unidas.com.br

COMPANHIAS DE NAVEGAÇÃO

CARNIVAL (Queensberry)	(11) 3217-7100	www.queensberry.com.br
COSTA	(11) 2123-3655	www.costacruzeiros.com.br
CRYSTAL CRUISES (Pier 1)	(11) 3078-2474	www.pier1.com.br
MSC	(11) 5053-8500	www.msccruises.com
ROYAL CARIBBEAN E ISLAND CRUISES (Sun & Sea)	(11) 3156-5600	www.royalcaribbean.com.br

SITES PARA NOIVOS

CASAMENTOS NOS DESTINOS	www.destinationweddings.com
GUIA DE CASAMENTO	www.guiadecasamento.com.br
LUA-DE-MEL	www.honeymoons.com
NOIVAS ON-LINE	www.noivasonline.com

SHOPPING MART NOIVAS.COM.BR	www.shoppingmartnoivas.com.br
VAI CASAR	www.vaicasar.com.br

SITES DE TURISMO

INFORMAÇÕES E RESERVAS

DECOLAR	www.decolar.com.br
EXPEDIA	www.expedia.com
PASSAPORTE BRASIL	www.passaportebrasil.com.br
TRAVELOCITY	www.travelocity.com

INFORMAÇÕES

CITYBRAZIL	www.citybrazil.com.br
CNN	www.cnn.com/travel
FODORS	www.fodors.com
FOLHA ON-LINE	www.folhaonline.com.br/turismo
LET'S GO	www.letsgo.com
MICHELIN TRAVEL	www.viamichelin.com
TERRA	www.terra.com.br/turismo

RESERVAS

ASE NET (HOTÉIS)	www.ase.net
BARGANHA	www.bargain.com.br
CHEAP TICKETS	www.cheaptickets.com
HOTEL GUIDE	www.hotelguide.com
HOTELS	www.hotels.com
HOTELSTRAVEL	www.hotelstravel.com
LOWESTFARE	www.lowestfare.com
RESERVE	www.reserve.com.br
RESERVHOTEL	www.reservhotel.com
TRAVEL NOW	www.travelnow.com

OUTROS

ANVISA (AGÊNCIA NACIONAL DE VIGILÂNCIA SANITÁRIA (para vacinas e informações sobre saúde): www.anvisa.gov.br

POLÍCIA FEDERAL (passaportes): www.dpf.gov.br/passaporte.html

PREVISÃO DO TEMPO: www.inmet.gov.br

www.climatempo.com.br

www.cptec.inpe.br

www.weather.com

TOURING CLUB DO BRASIL (emissão de carteira de motorista internacional): www.touring.com.br

VISTOS CONSULARES: www.vistos.com.br

BIBLIOGRAFIA

ABREU, K. e FERREIRA, G. "Casamento no exterior", *O Estado de S. Paulo*, 8.5.2001, pp. V6 a V10.

ALVES BATISTA, V. e PIRES, T. – "Pelos Canais da França", *Folha de S. Paulo*, 7.8.2000. Folha Turismo, pp. G1 a G8.

ANGOTTI, A. – "Vamos invadir essa praia (de novo)" – *Viagem e Turismo* nº 99, jan. 2004, pp. 38-52.

BOCIA, S. "50 viagens para amar", *Próxima Viagem*, nº 54, abr. 2004, pp. 44-55.

"Café com pão... Café com pão" Paquete, S. e Marquezi, D., *Viagem e Turismo*, nº 9, ano 10, set. 2004, pp. 71-9.

"Como viajar de carro", *Guia Quatro Rodas*, São Paulo: Abril (Col. Viagem Esperta).

CURE, K. e KLURMAN, M. *Plan your honeymoon*. Fodor's, 2001. 188 pp.

"Edredom em Ação", *Viagem e Turismo*, ano X, nº 6, jun. 2004, pp. 76-9.

GLOSSÁRIO DE TURISMO, em www.embratur.gov.br.

GUIA O MELHOR DA EUROPA. São Paulo: Abril, 2004 (Col. Viagem e Turismo de Bolso).

GUIA O MELHOR DE BUENOS AIRES. São Paulo: Abril, 2004 (Col. Viagem e Turismo de Bolso), 208 pp.

GUIA O MELHOR DO BRASIL. São Paulo: Abril, 2004 (Col. Viagem e Turismo de Bolso), 321 pp.

GUIA QUATRO RODAS BRASIL 2004. São Paulo: Abril, 2003. 818 pp.

OLIVEIRA, R. "Piquenique proporciona pausa bucólica", *Folha de S. Paulo*, 21.6.2004, p. F4.

"O melhor da Austrália", *Viagem e Turismo-Edição Especial.* São Paulo: Abril, jul. 2004.

"*Próxima Viagem* apresenta viagens de lua-de-mel", suplemento de *Próxima Viagem*, nº 17.

VALLE, M. "África do Sul e Zimbábue". *Folha de S. Paulo*, 8.2.99, Folha Turismo, pp 8-1 a 8-9.

_______. "Florianópolis". *Folha de S. Paulo*, 5.4.2004, Folha Turismo, pp. F1 a F8.

_______. "Salvador, Carnaval & Praia". *Folha de S. Paulo*,14.2.2000, Folha Turismo, pp. 8-2 a 8-10.

VALLE, M., MAGALHÃES M. e LUPINACCI, H. "Viagem a dois", *Folha de S. Paulo*, 31.5.2004. Folha Turismo, pp. F2 a F11.

Viagem e Turismo, nº 100, fev. 2004, 146 pp.

Viagem e Turismo Edição Especial Cruzeiros, vol. 2. São Paulo: Abril, out. 2004.

"Viagens Românticas – 69 lindos destinos para viver uma história de amor". Edição especial da revista *Viagem e Turismo*, 101-A, mar. 2004. 82 pp.

VIEIRA, P. "Pelas águas dos Andes". *Viagem e Turismo*, ano 10, nº 6, jun. 2004, pp. 62-67.

SITES CONSULTADOS:

www.mauritius.net

www.romantischestrasse.de

www.tourismthailand.org

www.vivalasvegasweddings.com

www.weddingdreams.com

www.lovetripper.com

IMPRESSÃO E ACABAMENTO